RESEARCH ON THE INFLUENCE EFFECT OF
FINANCIAL TRANSFER PAYMENT ON
THE QUALITY DEVELOPMENT OF NEW URBANIZATION

财政转移支付
对新型城镇化质量发展
影响效应研究

郭世芹 著

中国财经出版传媒集团
经济科学出版社
Economic Science Press

图书在版编目 (CIP) 数据

财政转移支付对新型城镇化质量发展影响效应研究/
郭世芹著. —北京:经济科学出版社,2020.4
ISBN 978 - 7 - 5218 - 1445 - 3

Ⅰ.①财… Ⅱ.①郭… Ⅲ.①财政转移支付 - 影响 -
城市化 - 建设 - 研究 - 中国 Ⅳ.①F127②F299.21

中国版本图书馆 CIP 数据核字 (2020) 第 054527 号

责任编辑:张立莉
责任校对:王肖楠
责任印制:王世伟

财政转移支付对新型城镇化质量发展影响效应研究

郭世芹 著

经济科学出版社出版、发行 新华书店经销
社址:北京市海淀区阜成路甲 28 号 邮编:100142
总编部电话:010 - 88191217 发行部电话:010 - 88191522
网址:www. esp. com. cn
电子邮箱:esp@ esp. com. cn
天猫网店:经济科学出版社旗舰店
网址:http://jjkxcbs. tmall. com
北京季蜂印刷有限公司印装
710 × 1000 16 开 11 印张 260000 字
2020 年 12 月第 1 版 2020 年 12 月第 1 次印刷
ISBN 978 - 7 - 5218 - 1445 - 3 定价:78.00 元
(图书出现印装问题,本社负责调换。电话:010 - 88191510)
(版权所有 侵权必究 打击盗版 举报热线:010 - 88191661
QQ:2242791300 营销中心电话:010 - 88191537
电子邮箱:dbts@ esp. com. cn)

序　言

　　20 世纪 70 年代末以来，我国城镇化开始进入加速发展时期，然而，在传统的粗放型发展模式下，实现城镇经济繁荣的同时，区域经济发展失衡、社会公共服务缺位、生态环境污染加剧等一系列问题也日益严峻。近年来，关于城镇化质量提升的问题受到社会各界的广泛关注。政府部门是我国城镇化建设的规划者和推动者，充足的财力是地方政府充分发挥职能、推动城镇化建设的重要保障，但在我国城镇化建设过程中，各级地方政府承担着大量的财政事权和支出责任，客观上存在着一定的财力缺口，这在一定程度上影响着地方政府职能的充分发挥。财政转移支付是解决地方政府财力不足、弥补财力缺口的重要途径，中央政府通过财政转移支付，一方面，可以加强宏观调控，平衡地区间财力差异，优化资源配置；另一方面，也激励和引导着地方政府的行为符合人民利益，实现公共服务均等化，从而推动城镇化质量的提升。因此，财政转移支付对于城镇化发展的各个方面都产生着重要的影响。基于这样的思考，本书从质量发展的视角研究财政转移支付对新型城镇化质量产生的影响效应，具有重要的理论和实践价值。

　　在我国城镇化建设进程中，地方政府扮演着重要的角色，中央财政转移支付为地方政府充分发挥职能提供了必要的财力支持。笔者通过阅读大量的国内外文献发现，在已有的研究成果中，分别研究城镇化质量或财政转移支付的相关成果较为丰富，但将城镇化与财政转移支付结合起来进行研究的文献仍十分有限，从质量发展的角度将城镇化质量与财政转移支付进行系统、综合研究的文献更是罕见。因此，本书通过对城镇化质量和财政转移支付的相关理论分析，提炼出衡量我国城镇化质量的关键维度，构建财政转移支付影响城镇化质量的作用机理和路径，以此为基础，进一步利用县级面板数据分析我国财政转移支付对县域城镇化质量发展产生的影响效应，从而提出在城镇化背景下完善我国财政转移支付制度的相关政策建议,力图在实践中为促进我国财政转移支付体制改革,全面提升新型城镇化质量提供一些有益的借鉴。

笔者一方面阅读大量的相关中外文献,进行理论研究和分析;另一方面,收集全国各地区各级城镇化建设实践和财政转移支付的相关数据资料,主要运用理论分析法、规范分析法、实证分析法等方法进行了分析和研究。本书的研究内容主要有以下几个方面。

第1章,绪论。介绍研究的背景和意义,在梳理国内外相关研究文献的基础上,提出本书的研究目标、方法、技术路线、主要研究内容及可能的创新性。

第2章,城镇化质量与财政转移支付的一般理论基础。本章从城镇化质量和财政转移支付相关理论入手,分别对城镇化质量和财政转移支付的相关理论进行了深入分析。并进一步分析了影响城镇化质量的相关因素,提炼出衡量城镇化质量的经济发展、社会公共服务、生态环境三个关键维度。

第3章,财政转移支付影响新型城镇化质量的作用机制。本章分析了我国新型城镇化建设与地方政府、公共财政的关系,以及在财政分权体制下我国财政转移支付、地方政府支出行为与城镇化质量之间的关系,从而构建出财政转移支付影响城镇化质量的作用机理。分析发现,财政转移支付通过地方政府的财政支出行为从经济质量发展、社会公共服务事业发展和生态环境优化三个路径影响着城镇化质量,并且三者之间并不是孤立的,它们存在着相互联系、相互影响的关系。

第4章,财政转移支付对新型城镇化质量发展的影响效应:来自四川省县(市)的实证分析。本章利用四川省2005~2014年县级面板数据实证检验和分析了财政转移支付对县域经济发展、社会公共服务供给、生态环境的影响效应,并系统检验了城镇化进程中经济增长、社会公共服务供给和生态环境保护城镇化质量三个维度之间的交互影响效应,以及财政转移支付在整体系统中对三个维度产生的影响效应。

第5章,完善我国财政转移支付制度的政策思路:基于新型城镇化质量。基于实证研究的结果,本章进一步从新型城镇化质量的角度对我国现行财政转移支付制度的改革和完善提出相应的政策建议,主要包括四个方面:财政分权的深化、一般性转移支付的规范、专项转移支付完善和财政转移支付的激励与考核。

郭世芹
2020 年 12 月

目　　录

第 1 章

绪 论

1.1 研究背景及研究意义

1.1.1 研究背景

随着 20 世纪 70 年代末改革开放的开启，中国城镇化建设也开始进入加速发展时期。历年的《中国统计年鉴》公布的数据显示，1980～2011年，中国城镇化率由 19.4% 上升到 51.27%，年均提高 1.03 个百分点。根据联合国经济及社会理事会（Economic and Social Council，ECOSOC）统计数据显示，同期世界城镇化率则从 39.4% 增长到 52.1%，年均仅提高 0.41个百分点。1978 年，中国城镇化率仅为 17.92%，截至 2019 年底，全国城镇人口已接近 8.49 亿人，人口城镇化率提高到 60.60%，年均提高 1.04 个百分点，特别是 1996 年以来，城镇化速度明显加快。随着城镇化的推进，大量城市群迅速崛起，中心城市的地位和作用更加凸显，城镇基础设施不断完善，居民生活水平大大提高。但是，从过去发展历程来看，由于中国城镇化的推进以传统的发展模式为基础，发展中存在诸多问题：一是大城市迅速扩张，中小城市和小城镇发展迟滞。尽管改革开放以来，国家出台了一系列政策强调通过加强小城镇发展解决三农问题，如 1998 年，中共十五届三中全会通过决议，提出发展小城镇是"带动农村经济和社会发展的一个大战略"；2001 年《"十五"规划》和 2011 年《"十二五"规划》都强调要"有重点地发展小城镇……"但从中国城镇化发展的现实状况来看，小城镇发展并未达到一般预期，规模偏小，实力薄弱，而曾经受到限制的大城市规模却迅速膨胀，随着近年来大量农村富余劳动力向大中城市的转移，县域小城镇和农村地区青壮年劳动力匮乏，小城镇和农村地区加速空心化。二是偏重速度、数量和规模，城镇化质量有待提高。城镇化是人类经济和社会发展的必然结果，是一个长期的历史过程，是量与质的有机统一。可持续发展的新型城镇化道路既要有数量（速度）的增长，更应包括质量的提高。传统的城镇化模式片面强调"土地城镇化"，资源环境代价较大，农业转移人口的居住、素质、教育、就业、社会保障等问题被忽视，虽然身在城市，他们却没有实现市民化，无法共享城镇化的成果。三是区域间发展不平衡，四大区域之间城镇发展差距较大。从城镇化水平来看，地区间空间差异明显，呈东高西低态势，根据历年的《中国统计年鉴》所公布的各省城镇化率计算，2011年，中国东部、东北、中部和西部四大区域城镇化率分别为60.8%、58.7%、45.5%和43.0%；2015年，这种分布态势没有发生根本变化。从城市空间分布来看，城市数量和规模呈现空间集中性和不均衡性，绝大多数城市主要集中在漠河——腾冲线东南部地区，且非农业人口规模在200万人以上的大城市主要分布在东部地区；从城镇发展水平来看，地区间存在较大差距，对于人均固定资产投资、人均工业增加值、人均社会消费品零售总额、人均居民可支配收入等经济发展指标，西部城市远远低于东部城市，如《中国统计年鉴（2016）》所公布的统计数据显示，2015年，各地区城镇居民人均的可支配收入，上海市是甘肃省的2.23倍，且东西部地区间城镇居民收入水平差距存在扩大趋势。

传统的城镇化发展模式存在诸多弊端，客观上要求实现新的战略性转型，推动城镇化由过去重视速度、加速推进、不完全的传统型城镇化向全面重视质量提高、稳步协调、格局合理的完全性新型城镇化方向转变。近年来，国家政策走向也体现了这一要求和战略意图，2013年《中央城镇化工作会议》提出："走中国特色、科学发展的新型城镇化道路，核心是以人为本，关键是提升质量，与工业化、信息化、农业现代化同步推进。"2014年十二届人大二次会议《政府工作报告》中进一步提出："要推进以人为核心的新型城镇化。……要健全城乡发展一体化体制机制，坚持走以人为本、四化同步、优化布局、生态文明、传承文化的新型城镇化道路，遵循发展规律，……积极稳妥推进，着力提升质量。"2019 年十三届人大二次会议《政府工作报告》中再次提出，2019 年政府工作任务要："促进区域协调发展，提高新型城镇化质量。围绕解决发展不平衡不充分问题，改革完善相关机制和政策，促进基本公共服务均等化，推动区域优势互补、城乡融合发展，优化区域发展格局，……深入推进新型城镇化。"

在重要的战略转型期，要实现新型城镇化质量提升和长效可持续推进，在充分尊重市场调节机制的前提下，各级政府在规划引导、城市管理、城乡统筹、收入分配、基础设施、公共服务供给、环境保护等领域都发挥着重要的引导、规划和政策调控作用，协调各方面矛盾，为新型城镇化提供必要的制度保障。中国城镇化建设是一项系统的工程，新型城镇化在发挥市场主导作用的同时，离不开政府的有效引导和国家财政力量的支持，作为政府宏观调控杠杆之一的财政政策对促进新型城镇化发展具有重要的现实意义。通过采取一系列财政支持政策，政府通过产业结构调整与升级、企业发展扶持、公共服务与基础设施体系建设、居民生产生活改善等方面影响着城镇化的发展。在这一过程中，政府部门需要大量的财政投入，地方政府尤其是基层政府财力不足将严重制约城镇化的顺利进行。财政转移支付是国家弥补地方政府财力不足，平衡地区间差异，在财力上有力支持新型城镇化建设最直接有效的手段，因而，从这一角度进行研究，对中国实现新型城镇化的战略转型具有重要的现实意义。

我国财政转移支付制度是伴随着 1994 年"分税制"改革的实施，在财权与事权划分的基础上建立起来的，于 1995 年开始颁布实施过渡期转移支付办法。随着 20 世纪 90 年代中期以来城镇化的迅速推进，我国财政体制不断健全，同时，社会生产方式和人们生活方式的快速改变，也使得财政转移支付制度的环境不断发生变化，加上制度异化因素的存在，虽然改革开放以来中央政府不断加大对地方政府的财政转移支付资金规模，根据财政部统计数据显示，1994 年中央政府对地方政府财政转移支付额为 2386.4 亿元，2015 年增长到 50137.81 亿元，为 1994 年的 21 倍，但与城镇化快速发展不断增长的现实需求相比，地方政府的财政实力却没有得到有效增强。随着城市规模的迅速膨胀，城镇公共服务体系与软环境承载能力明显滞后，特别是县域小城镇，随着财政支出需求的增加，财力缺口日益扩大。考察我国财政转移支付体系可以发现，"分税制"改革明确了中央与省级政府之间的财政收支关系，但对于省级以下各级地方政府之间财权与事权责任划分仍需进一步规范，财政权限主要集中在省政府层级，而市级及以下地方政府特别是县、镇（乡）基层政府作为处理地方事务的主体拥有的财政权限极为有限，财力缺口不断扩大，在这一基础上建立起来的财政转移支付体系存在着明显的缺陷。其一，1996 年起，我国城镇化建设进入加速推进时期，此时财政转移支付制度刚刚建立，尚处于探索起步阶段，财政体制改革和完善明显落后于城镇化发展步伐，尤其是财政转移支付制度改革明显滞后，仅在原有过渡期财政转移支付体制基础上进行项目调整和增减相关支付比例，以弥补地方政府存在的财力缺口，这种修补的做法没有充分考虑我国城镇化建设快速推进的现实需求，也就难以从根本上达到均衡地方财力、缩小地区发展差异的目的。其二，财政转移支付虽然以平衡地方财力差距、实现公共服务均等化为目标，但其均等化作用并不明显，税收返还长期以来占有极大比例，专项转移支付比例过大，财力性转移支付比例过小，导致我国财政转移支付整体上均等化作用极其微弱。其三，财政转移支付制度规范仅停留在中央和省级政府之间，没有形成一套客观、规范、科学、统一的省对县（市）财政转移支付制度体系。中央对省级的均衡性财政转移支付测算体系对于省对县（市）转移支付而言并不适用，作为我国一般性转移支付制度的重要组成部分，省对县（市）的均衡性财政转移支付测算制度由各省自行确立，实践中，多数省份也仅借鉴了中央对地方均衡性财政转移支付的测算办法[①]，有些省份却仍以"基数法"为主进行资金分配。"基数法"是我国分税制改革中，为维护社会稳定，避免因改革造成大的震荡采用的核定财政收支，确定中央对地方税收返还和补助数额的方法。这种方法存在旧体制的不合理因素，不仅起不到缩小地区间经济发展和财政能力差距的作用，而且固化了历史原因形成的地区间经济水平差距和财力不均。因此，在新型城镇化背景下，加大我国财政体制改革力度，尤其是加强省以下财政转移支付体制改革势在必行。为增强财政转移支付的均衡性效用，促进公共服务均等化，对财政转移支付制度的改革应更加着重提高其科学性、规范性和透明度。有学者提出用因素法逐渐取代基数法，通过制定全国统一的客观标准确定转移支付额，从而提高财

[①] 财政部关于印发《2012 年中央对地方均衡性转移支付办法》的通知。

政转移支付均衡地方财力的功能。这一观点在我国理论界已达成广泛共识，并在实践层面有所应用。但就我国现行财政转移支付体系而言，因素法的应用仍存在缺陷，特别是目前面临我国新型城镇化发展质量全面提升的战略转型期，需要更加完善、公平、科学、透明、规范的财政转移支付体系为之提供支持和保障。

1.1.2 研究意义

城镇化是实现现代化的必由之路，是推动我国经济发展的关键引擎。财政政策可以为我国新型城镇化的顺利进行提供重要的制度保障和财力支持，财政转移支付是国家促进公共服务均等化、平衡区域发展差异、实现社会公平的必要手段，为推动城镇化实现质量提升和顺利转型提供必要的财力保障。因而，将新型城镇化质量发展与财政转移支付制度相结合进行研究，在理论和实践中都具有重要的价值。

1.1.2.1 理论意义

城镇化是人类社会前进的必经阶段，在这一过程中，地方政府起着重要的作用，基于地方政府的支出偏好，很大程度上中央财政转移支付影响着城镇化质量的全面提升。本书根据学术界已有的研究成果，对城镇化质量的相关概念进行梳理，综合系统理论、可持续发展理论、城镇发展阶段理论等发展理论，并结合我国实际，提炼出衡量我国城镇化质量的重要维度，在此基础上进一步分析财政转移支付的相关理论，进而分析财政转移支付影响城镇化质量的作用机理并构建出影响路径，最终提出财政转移支付制度的改进和完善应当将城镇化质量发展这一视角纳入考虑范畴，这对于财政转移支付理论的进一步拓展和充实具有一定的理论价值。

1.1.2.2 现实意义

20 世纪 80 年代以来，在传统的粗放型发展模式下，我国城市之间、区域之间、地区之间发展差距较大，特别是县域小城镇发展迟滞，严重影响我国城镇化质量的整体水平。城镇化进程中各类公共服务主要由地方政府提供，在现行分级治理体制下，地方政府对公共产品的供给行为在一定程度上受到上级政府的影响，中央通过财政转移支付可以调整地方政府行为的偏差，进而影响城镇化发展质量，因此，本书以四川省县域样本为例，实证检验财政转移支付对城镇化质量经济、社会、生态环境三个维度产生的影响，并基于相关研究结论提出完善财政转移支付制度的相应措施，具有实际参考价值，有利于促进我国实现新型城镇化发展的战略转型。

1.2 相关研究文献述评

1.2.1 关于城镇化质量研究的述评

美国《世界城市》认为，都市化的过程既包括农村人口向城市转移，从事非农业工作，也包括人们价值观、态度和行为等方面的生活方式由乡村向城市的转变，前者强调了人口密度与经济职能，后者体现了社会、心理和行为特征，两者存在互动性。从空间和人口规模上而言，我国当前属于初级城市型社会，但从人文社会、生活方式等方面来看，我国还远不符合城市型社会的要求。因此，今后我国城镇化推进过程中应更加重视质量，把全面提高城镇化质量作为推进城镇化的核心与关键（魏厚凯，2012）。

1.2.1.1 城镇化质量内涵

关于城镇化质量的专项研究，国外的文献较为少见，大多倾向于从发展的生态性、现代化、协调性、可持续性、城市生活质量等方面来研究城镇发展。如联合国于1971年提出的"人与生物圈计划"（MAB），城市化研究中开始引入生态学观点，生态城市问题受到广泛关注。1984年，理查德·雷吉斯特指出，要推动生态城市发展，必须遵守四项基本原则：一是建设高质量城市需限制城市规模不能过大；二是确保居民就近出行；三是要集中化、小规模发展；四是保持物种的多样性。最早完整性地对生态城市概念进行阐述的是雅尼科斯特（1987），他指出："生态城市是按生态学原理建立起来的一种社会、经济、自然协调发展，物质、能量、信息高效利用，生态良性循环的人类聚居地，即高效、和谐的人类栖境"（曾赛丰，

2004)。1986 年，欧洲 33 个世界卫生组织成员联合发起建立了"健康城市"指标体系。麦金尼（Mckinney，2008）的研究认为，城镇化对动植物物种的生存会产生不利的影响，城镇化较快的地区对物种和生态环境的影响也较大。马丁内斯（Martinez，2011）研究了城镇化与碳排放之间的关系，得出结论认为两者在发展中国家存在倒"U"型关系。杨等（Yang et al.，2011）以中国东部和东北地区为样本，研究了城镇化对地表变暖的影响。龚鹏等（Gong Peng et al.，2012）的研究则认为，城镇化导致空气、水污染严重，造成环境质量下降，给社会公共卫生建设带来挑战。关于城市现代化的研究，英格尔斯（Encles）于 1985 年提出了 10 条指标体系来衡量现代化程度，包括人均国内生产总值、非文盲人口比重、第三产业占国内生产总值比重等指标。关于城镇化发展协调性的研究，朱丰恺等（Zhu Fengkai et al.，2014）利用中国地市级面板数据，分析发现土地财政导致人口城镇化与土地城镇化之间存在不协调性，且有向全国蔓延的趋势。王毅等（Wang Yi et al.，2015）从产业发展的角度建立了评价模型，分析了中国常熟市城镇化与现代服务业之间的互动关系。孙等（Sun et al.，2013）的定量研究则认为，户籍制度和绩效评估体系是影响中国城镇化过程中各要素协调性的主因，中国城镇化进程中，人口、空间、经济三方面城镇化之间的非协调性正在逐渐降低。关于城镇化可持续发展方面的研究，为衡量可持续发展政策目标，戴利和科布（Daly and Cobb，1989）提出了以下准则：第一，废物排放不能大于自然界吸收能力；第二，开发利用可再生资源不能大于其再生速度；第三，开发利用不可再生资源要小于其被替代的速度；第四，环境承载力要大于产生的环境影响。2002 年，联合国人居中心编制了城市发展指数和城市指数标准体系，分别检测城市的发展程度、评价人类居住（United Nation Human Habitat，2002），为评价城市发展质量提供了一个标杆和依据。日本稻永幸男于 1960 年提出了城市度测量法，他建立的指标体系包含城镇发展的五项内容，即人口增长、就业、经济活动、区位和规模，涉及 13 个指标（扬立勋，1999）。此外，西顿等（Seto et al.，2010）经过分析城镇化的特征及其与环境的关系认为，应当保持城镇化与环境的协调发展，以推动可持续发展。关于城市生活质量的研究，根据世界卫生组织（WHO）的定义，生活质量是指物质、精神和生活满意度的理想状态（贝涵璐，2016）。尤列宁等（Ülengin et al.，2001）从经济环境、社会环境、运输——通信设施和物理环境四个方面评价了伊斯坦布尔的城市生活质量。马朗和史汀森（Marans and Stimson，2011）认为，应当从经济、环境、治安、医疗、教育、就业、住房等方面来评价城市生活质量。卡贝罗等（Cabello et al.，2014）对古巴的城市服务、经济效益和社会服务等方面进行了评价，以此来反映城市生活质量。上述研究虽然没有直接描述城镇化质量，但与其具有一定的相关性，并体现了城镇化质量的部分内涵。

改革开放以来，在各方经济主体的参与和推动下，我国城镇化建设的成就举世瞩目，国内关于城镇化的研究也逐渐兴起，吴友仁于1982年发表了文章《关于中国社会主义城镇化问题》，自此我国城镇化问题成为学界关注的热点。近年来，随着传统城镇化模式下诸多社会问题的涌现和日益严峻，学者们对于城镇化质量问题展开了大量的研究，取得了丰富的成果。学术背景不同，学者们对城镇化质量的理解也存在差异。有学者从空间载体角度来对其进行界定，如叶裕民（2001）认为，城镇化质量包括两个方面的内容：一是城市现代化；二是城乡一体化。她认为城市现代化是核心，城乡一体化是终极目标，前者体现为经济、基础设施和人的现代化，后者体现为制度、社会、经济的一体化，以及二元结构在城市内部的淡化和消除，在此基础上，她建立了相应的城市化质量评价指标体系。何文举（2014）在叶裕民等人研究的基础上有所深化，认为城市化质量应包含三个方面的内容：一是城市发展质量，即城市现代化——城市化核心载体；二是城市可持续化，即城市资源环境——城市化质量的主要目标与内容；三是城乡区域发展，即城乡一体化水平与城市间互动程度——城市化质量空间体现。陈鸿彬等人（2001）则从城市发展构成要素角度来理解城镇化质量内涵，指出城市化质量体现在四个方面，即社会、经济、居民生活质量和科技的发展与提高。孔凡文等人（2006）认为，城镇发展的质量即城镇化质量，体现为城镇居民的生活方式、居住环境、基础设施、经济和社会的改善与发展，以及城镇管理的加强。方创琳等（2011）、王德利（2011、2013）则认为，城市化质量是经济、社会和空间三个方面城市化质量的有机统一。还有学者从表征的角度来定义城镇化质量内涵，较具有代表性的是牛文元和朱洪祥的研究。牛文元认为，城市化质量体现在动力、公平、协调度三个方面的表征：一是动力特征，是推动城市化的动力，包括城市的竞争力、创新力、发展度和可持续性；二是公平表征，体现在城市缩小城乡差异，实现共同富裕的程度；三是城市化协调程度，体现在城市的文明程度、生态环境、生活质量以及满足理性需求的程度（牛文元，2003）。朱洪祥认为，城镇化质量包括质量因子、动力因子、公平因子以及集约因子，它们作为一个系统，体现出城镇化的水平、发展、差异和效率（朱洪祥，2007）。

从以上诸多研究可以看出，国外学者并没有明确提出城镇化质量这一概念，而仅是从生态城市、城市现代化、城市发展协调性、城市可持续发展、城市生活质量等各个方面来测评和研究城市化发展。国内学者虽然明确提出了城镇化质量这一概念，但对于城镇化质量的定义尚未达成共识。由于学术背景和研究视角的不同，多数学者往往仅强调城市发展质量、城镇发展综合水平、城市竞争力、城镇化推进动力、城镇化成效等其中的一个或几个侧面，且容易混淆和糅合其他相关概念，没有形成科学、统一的概念体系，也没有对城镇化质量内涵、空间载体、构成要素及其协调机制进行必要的理论分析，且过于强调城镇化发展成果，而忽视城镇化推进所付出的成本和代价，体现了基础理论研究方面的不足。因此，应加强对城镇化质量的基础理论研究工作，进一步规范城镇化质量概念体系，使之更加科学、系统和凝练。

1.2.1.2 城镇化质量评价对象

城镇化质量不仅是涉及全国层面的宏观问题，区域发展的差异性也使得不同区域城镇化质量存在不同的发展模式和演进路径，因而，学者们进行城镇化质量评价实证研究时所选择的测度对象的空间尺度也必不相同。根据笔者所检索到的现有研究文献来看，关于中国城镇化质量评价的研究，主要选择省域和地（市）级及以上城市较大的空间层面为测度对象，以县（市）级和全国空间层面为评价对象的研究文献则较少。其中，从省域空间层面进行城镇化质量测度评价的文献，如国家城调总队等（2005）测度了华东6个省的城镇化质量；阮陆宁、张华东（2016）综合评价了中部6个省的新型城镇化质量；马德功、王建英（2016）测评了西部12个省份的新型城镇化质量；何文举（2014）、杨彬等（2017）从不同时点分别测度了湖南省、吉林省的城镇化质量；许宏、周应恒（2009）选择了1996年、2001年、2006年和

2007 年的数据，分析考察了云南省城镇化质量；续亚萍等（2015）、王福林等（2015）对全国 30 个省份的新型城镇化质量进行了评价；王德利（2010）、方创琳（2011）、周丽萍（2011）、谢守红等（2015）、曹飞（2017）、蓝庆新等（2017）、袁晓玲等（2017）则从不同时点对全国 31 个省份的城镇化质量进行了测评。以地（市）级及以上城市为测度对象的文献，如叶裕民（2001）评价分析了 1998 年城市人口 300 万以上的 9 个超大城市的城市化质量；孔凡文（2006）、韩增林等（2009）、魏厚凯（2013）分别从不同时点选择了全国主要城市、单列市或直辖市等地级及以上城市进行城镇化质量评价；王德利（2011）、梁振民等（2013）、杨丽霞等（2017）、周虹等（2017）着眼于城市群，分别分析评价了首都经济圈、东北地区、长三角城市群、长江中游城市群区域内相关城市的城市化质量；孟庆香等（2015）、雒海潮等（2015）、王冬年等（2016）、孔薇（2017）分别以福建省、河南省、河北省、吉林省的地市级城市为样本进行了城镇化质量测评。从全国空间尺度上进行城镇化质量研究的文献以王德利（2010）、方创琳（2011）的研究较有代表性。针对县（市）级小城镇进行城镇化质量测评的文献也较少，主要代表文献如白先春等（2005）对江苏省 27 个县级市、孔凡文（2006）对全国各省区小城镇发展质量的评价；王洋等（2012）选择全国 2289 个县域进行比较研究，并依据驱动力划分类型；黄亚平和单卓然（2015）选取湖北省 26 个山区型县市为样本，构建了城镇化质量评价模型并进行了测评；杨新刚等（2016）、张红梅等（2017）分别对安徽省、贵州省的县（市）城镇化质量进行了综合测评。

　　不同空间尺度上城镇化质量的表现存在差异，因此，进行城镇化质量评价时需要体现不同空间尺度各自的效应问题。从上述文献可以看出，目前国内学者主要侧重于选取省域和直辖市、省会城市、地（市）级及以上城市为对象，进行城市层面的比较和城镇化质量测评，而选择县域尺度进行城镇化质量研究的文献则较少。虽然从人口角度来看，目前我国城镇化率已超过世界平均水平，步入初级城市型社会阶段，从全国、省域尺度等宏观的层面进行城镇化质量评价固然重要，但中国特色的新型城镇化道路客观上要求实现大中小城市和小城镇协调发展，由于区域差异、自然禀赋、环境承载能力的不同，县域小城镇是中国城镇体系的重要组成部分和城乡衔接的关键环节，县域城镇化质量提升能够有效推进中国整体城镇化进程、避免半城镇化现象，其城镇化质量的优劣直接决定着中国区域协调、城乡融合战略目标的实现与否，影响着中国整体经济发展与社会和谐。因此，县域层面的城镇化质量更应受到关注，从这一层面进行研究也极其重要和迫切。

1.2.1.3　城镇化质量的评价指标及方法

研究对象的空间尺度不同，其质量评价的内容侧重点和方法选择也存在差异，国内关于城镇化质量的评价指标体系设置较有代表性的研究如表 1 – 1 所示。

表 1 – 1　　　　　　　城镇化质量的评价指标体系及研究方法

相关文献	研究维度	指标设置	评价方法
叶裕民（2001）、许宏等（2009）	城市现代化	经济、人、基础设施三方面发展的现代化，共12个指标	综合评价法
	城乡一体化	城乡居民收入差异、城乡居民恩格尔系数的差异，共2个指标	
孔凡文等（2006）	经济发展	经济规模、发展水平、发展速度、经济结构、经济效益5个群体10个指标	综合评价法
	社会发展	教育科技、医疗卫生、社会保障、社会安全4个群体12个指标	
	基础设施	道路交通、供水排水、电气通信3个群体9个指标	
	生活方式	生活水平、生活质量、文化生活、生活现代化4个群体11个指标	
	人居环境	人口密度、城镇绿化、污染处理3个群体7个指标	
	城镇管理	管理理念、创新、法制、服务、规划5项内容的管理，共11个指标	
朱洪祥（2007）	人口就业	暂住人口占城镇人口比重、非农产业从业人员比重、人口城镇化率3个指标	层次分析法
	经济发展	人均地区生产总值等5个指标	
	城市建设	城建资金总支出占GDP比重等6个指标	
	社会发展	万人拥有互联网用户数等7个指标	

相关文献	研究维度	指标设置	评价方法
朱洪祥 （2007）	居民生活	城镇居民人均可支配收入等5个指标	层次分析法
	生态环境	空气质量良好率等5个指标	
韩增林 （2009）	经济、社会、城乡 协调等方面	经济发展、基础设施、就业、居民生活、社会发展、生态环境、用地质量、创新质量、教育质量和城乡协调10个方面31个指标	未涉及评价方法
王德利 （2010）	城市基础实力	经济基础实力、社会基础实力、环境基础实力3个层面12个指标	熵技术支持下的层次分析法
	城市化发展协调度	经济与社会协调指数、经济与环境协调指数、社会与环境协调指数、地区及城乡协调发展指数4个层面11个指标	
	城市化发展可持续水平	经济可持续发展水平、社会可持续发展水平、环境可持续发展水平3个层面8个指标	
方创琳等 （2011）、 王德利等 （2011）	经济城市化质量	经济效率、经济结构、经济发展代价、经济增长动力4个指数	阿特金森分段测度模型、动态判断标准，层次分析法
	社会城市化质量	城乡一体化、基础设施发展、社会保障、人类发展4个指数	
	空间城市化质量	水资源保障、建设用地保障、能源保障、生态环境保障4个指数	
周丽萍 （2011）	人口城市化适度性	人口城市化水平与非农化、工业化水平的同步协调性，人口城市化与经济增长的同步协调性，共2类指标	因子分析法
	人口城市化包容性	生存能力、发展能力、生活质量3方面21个指标	
王洋 （2012）	人口城镇化	城镇人口比重、非农从业人口比重、城镇人口规模3个指标	熵值法
	经济城镇化	人均GDP、人均工业总产值、第二、第三产业产值比重，第二、第三产业GDP密度4个指标	
	社会城镇化	城镇在岗职工平均工资、万人拥有医院床位数、万人普通中学在校生数、人均城乡居民储蓄存款余额4个指标	

相关文献	研究维度	指标设置	评价方法
何文举 （2014）	城市发展质量	社会发展、可持续发展潜力、经济发展、居民生活质量4个子系统16个指标	投影寻踪聚类分析
	城市资源环境	环境质量、资源利用效率2个子系统5个指标	
	城乡一体化	城乡协调、城际协调2个子系统5个指标	
魏厚凯 （2014）、 谢怡莉等 （2017）	城市发展质量	经济发展、社会发展、空间发展、人口发展4个方面16个指标及其细化指标	因子分析法、DEA法、主客观赋权法
	城镇化推进效率	经济、社会、环境、效率方面7个指标	
	城乡协调程度	城乡发展差异方面7个指标	
续亚萍、 俞会新 （2015）	经济发展	人均GDP、非农产业比重、地方人均预算财政收入、城镇登记失业率	主成分分析法
	社会发展	医疗卫生、公共图书馆藏书量、高校在校生数、公共财政教育支出比重、公共财政科技支出比重	
	生活质量	城镇居民人均可支配收入、人均社会消费品零售额、人均存款余额、恩格尔系数、人均公园绿地面积	
	生态环境	城镇生活垃圾处理率、森林覆盖率、建成区绿化率、空气质量达标率	
	基础设施	城镇人均道路面积、公共交通车辆、用水普及率、燃气普及率	
	城乡协调	城乡人均可支配收入比、城乡人均消费水平比	
王福林、 任文香 （2015）	城市化规模	城镇人口比重、非农产业比重	AHP方法
	区域竞争优势	地区每万人高校在校生数占全国比重、高新技术产业比重/全国该比重、实际利用外资占固定资产投资比重/全国该比重	
	城市民生	城镇居民人均住房面积、人均可支配收入、恩格尔系数、失业率、医疗养老保险、医疗卫生设施、教育、燃气覆盖率、道路公交、互联网等方面共12个指标	
	城乡统筹	地区二元结构指数、路网密度、城乡人均可支配收入比、城乡恩格尔系数差异	
	区域生态	碳排放量、生活垃圾处理、工业废物利用、工业污染治理、建成区绿化覆盖率、空气质量等方面6个指标	

相关文献	研究维度	指标设置	评价方法
阮陆宁等（2016）、王冬年等（2016）	人口城镇集聚	城镇人口比重，城镇人口密度，从业人口比重，第二、第三产业从业人口比重	时序动态综合评价法、主成分分析法
	经济集约高效	人均GDP，GDP增长率，第二、第三产业比重、全社会固定资产投资	
	生态环境文明	生活污水处理、垃圾处理、建成区绿化率、人均公园绿地面积	
	基础设施建设	用水普及率、互联网普及率、燃气普及率、人均道路面积、公共交通车辆	
	城乡统筹发展	城乡人均可支配收入比、城乡恩格尔系数比、城乡人均消费性支出比	
马德功、王建英（2016）	经济城镇化	人均GDP、城镇居民人均可支配收入、城镇居民人均消费性支出、第三产业比重	因子分析法
	人口城镇化	非农业人口比重，城镇失业率，第二、第三产业从业人数比重	
	基础设施均等化	城市人均道路面积、公共交通车辆、生活污水排放量、生活垃圾处理、人均公园绿地面积	
	公共服务均等化	城镇养老保险参保人数、医疗保险参保人数、万人拥有医生数、高等教育生均财政支出、人均住宅建筑面积	
	生活质量城镇化	城镇用水普及率、燃气普及率、每百户家庭电脑拥有量、二氧化硫排放量	
袁晓玲等（2017）、田时中等（2017）	人口城镇化	城镇常住人口比重、非农人口比重	纵横向拉开档次法、熵值法
	土地城镇化	城镇建设用地、城市人口密度、城镇用地增长率与城镇人口增长率之比	
	经济城镇化	人均GDP，工业比重，第三产业比重，第二、第三产业从业人员比重	
	社会城镇化	养老医疗保险覆盖、用水和燃气普及、污水垃圾处理、道路公共交通、教育、通信等方面共11个指标	
	统筹城乡	城乡人均收入差、城乡消费水平对比	
	生态文明	建成区绿化率、人均公园绿地面积、工业污染治理投资、工业废物综合利用率、工业废水排放达标率	

资料来源：根据相关研究文献整理。

已有学术研究成果为我国形成系统的城镇化质量评价体系奠定了重要的理论基础，但从现有代表性研究成果可以看出，关于城镇化质量方面的相关研究仍存在不足之处，在进行城镇化质量评价时，相关理论研究不够充分，城镇化质量评价体系及其适用性有待改进，许多文献所提出的城镇化质量评价指标体系要么过于简单，要么过于庞杂，不能反映城镇化质量水平的核心内容，其评价标准的科学性和普适性有待提高，城镇化是一个动态的推进过程，因此，质量评价的指标也应具有时代特征、先进性和阶段性（白先春，2004）。同时，由于学术背景不同，不同学者进行城镇化质量评价时使用的研究方法、选取的评价标准和指标体系不同，因而，得出的评价结果的可比性和应用性也有待增强。尽管如此，学术界已经取得的研究成果为我们后续相关研究的开展提供了重要的借鉴。

1.2.2 财政转移支付相关研究的述评

财政转移支付是平衡政府间财力差异的重要途径。目前，财政转移支付制度在国外主要发达国家已经较为成熟，但近年来的国外相关研究文献并不多见。与西方国家相比，我国财政体制相关研究起步较晚，财政转移支付制度是伴随着 1994 年分税制改革而建立的，在政府间财政事权、支出责任划分不够明确的背景下，财政转移支付制度的实施在实践中遇到种种问题，引起社会各界的广泛关注，从已有研究成果来看，国内学者大多倾向于从宏观角度来分析和阐述财政转移支付存在的缺陷以及政策实施效果。

1.2.2.1 财政转移支付制度

1962 年，阿瑟·奥肯（Arthur M. Okun）出版了《平等与效率》一书，他指出，尽管平等与效率在市场经济条件下存在着冲突，但两者之间也可以实现妥协。罗宾·鲍德威和沙安文（2011）认为，财政转移支付的作用在于实现公平目标、国家目标和弥补财政缺口。朱玲（1997）认为，效率和公平应当反映在财政制度的设计之中。李兰英（2004）认为，我国财政管理体制权责划分应进一步明晰，财政转移支付相对规模过大、结构不合理、分配不规范，易导致均等化效果极低。安体富（2007）也持相同观点，并且认为我国财政转移支付形式繁杂，省以下相应制度不完善。匡导球

（2006）认为，当前我国财政转移支付制度在法律规范和激励、监督机制方面都不健全，资金管理不规范。贾康（2010）提出，应当基于公共服务均等化对财政转移支付各项支出的效果进行评价，根据评价结果逐步确立一般性转移支付的主导地位。他认为，完善财政转移支付制度应强化财力分配的均等化，在提高中央纵向一般性财政转移支付比重、规范专项转移支付的同时，还应借鉴国外经验建立省间和市县间的横向转移支付制度（贾康，2015）。贾晓俊（2010）认为，完善财政转移支付制度，应进一步加强其横向均衡功能，依据性质划分类别。伏润民等（2011）认为，我国省以下均衡性转移支付缺乏规范性，并利用云南省县级数据，设计出省对县均衡性财政转移支付的测算体系和评价体系。景婉博（2015）通过比较中日转移支付的功效，认为我国一般性转移支付侧重于财政补助，增加了地方政府对中央的依赖性，难以很好地实现政府职能，专项转移支付采用"项目法"分配，产生了较大的负面作用，税收返还加大了地方的财力差距，应尽早取消，以增强财政转移支付公平、公正效果。董艳梅（2014）研究中央转移支付与欠发达地区的财政关系时指出，财政转移支付结构不合理、导向不明确，在地方财政支出中所占比例偏高，会使得中央转移支付的支出绩效低下，平衡效应不足，造成基层财政困难。同时，她认为地方一般预算收入对非税收入的依赖程度与地区经济发展水平呈负相关关系，经济欠发达地区缺乏经济发展优势，难以保持其一般预算收入的长期稳定增长，导致财政收入过低，这是欠发达地区严重依赖中央转移支付的重要原因。

从关于财政转移支付制度设计方面的研究可以看出，学者们多数关注中央与省级财政转移支付制度的完善，而对省以下财政转移支付体制的研究却很少，且多以实现均等化为目标，较少考虑地方财政现实需求，以及政府行为的财政激励和约束因素，研究的系统性和全局性有待提高。

1.2.2.2　财政转移支付效果

已有文献对于财政转移支付效果的研究主要集中在两个方面：一是均等化效果；二是对地方政府行为的激励效果。

首先，从均等化效果来看。柏奇利和列夫钦克（Petchey and Levtchenkova，2004）指出，联邦体制下的财政均等供给制度的设计基于这样的理念：财政均等化要求"无论居民居于何处，都能享受到同等的公共服务"。

鲍德威（Boadway，2004）认为，上级财政转移支付可以平衡政府间财力差异，消除人口和生产要素流动导致的财政外部性，实现居民福利均等化。崔（Tusi，2005）利用我国县级数据研究发现，除原体制补助外，其他各类财政转移支付没有产生财力均等化效应。曾军平（2000）认为，中国的财政转移支付有助于缩小政府间纵向财政不平衡，但会加剧地区间横向财政失衡。王雍君（2006）认为，我国财政转移支付具有"逆均等化"作用。江新昶（2007）利用散点图研究财政转移支付与人均 GDP 的关系，发现两者之间呈现正相关性。田发（2010）利用变异系数进行研究表明，转移支付总体上有助于促进地区间横向财力平衡，但各地区政府间财力差异仍然很大。曾红颖（2012）以因素法为基础建立了一套以基本公共服务均等化为诉求、标准化的转移支付测算体系，并采用 2008 年省级样本进行检测，认为转移支付在按照均等化标准体系实施后，可提高东、中、西、东北各地区公共服务均等化水平。刘大帅和甘行琼（2013）认为，如果考虑人口流动因素和户籍的福利分配功能，则财政转移支付的均衡性作用会明显减弱。陈旭佳（2014）利用 1996～2008 年的中国 31 个省级数据，考察了我国财政转移支付制度的财力均等化效应，发现财政转移支付在均衡地方政府财政收入总体不均等、区域不均等上均等化效应较为明显，在均衡地方政府财政收入区域内部不均等上均等化效果不明显，财政转移支付在均衡地方政府财政支出方面总体上、区域之间、区域内部，其均等化效果均不明显。

其次，从对地方政府财政行为的激励效果来看。就地方政府财政努力角度而言，斯马特（Smart，1998）认为，在生产要素可以跨地区自由流动的条件下，提高税率可能会使税源外流，便会得到更多的财政补助。因此，提高税收努力程度可能会获得补助，降低税收努力可能不会得到财政补助。英曼（Inman，1988）的研究发现，若上级补助远高于下级政府的正常需要，则下级政府会对转移支付形成过度依赖。科雷亚和斯坦纳（Correa and Steiner，1999）以哥伦比亚为研究对象，结果表明，该国绝大部分财政转移支付项目对地方政府的税收积极性产生了抑制作用。乔宝云等人（2006）的研究发现，财政转移支付中税收返还和总量转移支付抵制了地方政府财政努力。李永友、沈玉平（2009）和付文林（2010）的研究则证明，虽然落后地区人均财力受到财政转移支付的积极影响，但一定程度上也削弱了它们的财政努力程度。从地方政府财政支出的角度看，格拉姆利克（Gramlich，1993、1977）认为，中央政府大规模的转移支付会产生所谓的"粘蝇纸效应"[①]，增加转移支付能够促进地方政府增加财政支出。莫伊西奥（Moisio，2002）的研究认为，不同类型项目转移支付在不同地区产生的效应差异较大。目前关于财政转移支付与地方财政支出关系的文献大多认同一个观点，如果假定转移支付为外生变量，则财政转移支付规模扩大可能助长了地方政府行政性支出的增加（付文林，2010）。

从以上关于财政转移支付实施效应方面研究文献的梳理可以看出，从均等化效应来看，国外学者多侧重于研究财政转移支付所体现的公平与效率问题，国内文献则通过大量的实证考察了我国财政转移支付在均等化方面产生的影响，并得出基本一致的结论，普遍认为，我国财政转移支付对促进地区财力平衡和公共服务均等化产生的影响效应极其微弱。从财政转移支付对地方政府财政行为的影响效应来看，现有研究没有达成统一的意见，在城镇化进程中，我国上级财政补助对下级政府收支行为具有怎样的影响效果，仍需进一步结合实际加深研究，特别是在当前我国省级以下财政转移支付制度尚不健全的情况下，对于县级层面的实证研究也需要进一步深化。

1.2.2.3　转移支付测算体系

从澳大利亚、德国和日本等国家经验来看，在成熟的经济分权体制下，财权和事权在政府间划分清晰明确，专项转移支付和均等化转移支付的界定和测算都会比较容易（Hanushek，1989；Oates，1999；Stauffer，2001）。阿瓦·萨哈（1994、2006）认为，确保转移支付测算公式的稳定性、客观性和透明度是建立有效财政转移支付体系必须满足的条件。国内学者刘溶沧（1996）在设计财政转移支付计算公式时，以实现各地公共服务均等化为导向，选择相应变量来计算地方政府标准财政收入与支出总量。马骏（1997，1998）比较借鉴了加拿大、日本、德国等国家财政转移支付制度，建立了一套详尽的财政转移支付模型，采用中国1994年进行估算，得出结论认为："中国现行财政转移支付体制几乎没有体现地区间再分配的功能"。为了提高财政转移支付的均等性效应，有学者提出在设计财政转移支付公式时应当引入"因素法"，如孙开（1996）、曾炜和李建泰（1996）等。钟晓敏（1997）通过确定

[①]　"粘蝇纸效应"：即使财政资金"粘在它所到达的地方"。

影响财政转移支付收支的关键因素，设定了兼顾财政纵向和横向均等化的财政转移支付资金分配模型，并利用中国数据进行模拟分析。黄解宇、常云昆（2005）在用"因素法"计算地方标准财政收入、支出公式时进行了修正和发展，设计出兼顾激励目标的财政转移支付公式。安体富（2007）就一般性转移支付测算时指标的选择提出了自己的意见，他认为，财政供养人口指标具有主观性，而地理环境、可居面积、人口等指标对于提高公共服务均等性更为重要。卓琼蕾（2008）针对浙江省义务教育转移支付现状，提出了一个可供选择的因素法模型。钟晓敏、赵海利（2009）从义务教育转移支付的角度通过财政供给能力、财政需求以及财政努力程度三类指标，构建了一个因素法义务教育转移支付模型，并以浙江省为例，对这一模型进行了测算和分析。龚锋、卢洪友（2010）认为，财政转移支付分配应当兼顾机会平等目标，他们利用我国地级市面板数据测评其机会平等效应，进而提出了优化设计方案。伏润民等（2011）在计算地区标准财政收支时详细运用了"因素法"，同时对均衡性转移支付绩效评价提出设计方案，从而建立了一套规范的省对县均衡性转移支付计算公式。张恒龙、秦鹏亮（2012）将财政激励和均等化目标纳入研究体系，从而设计财政转移支付测算公式，并通过实证模拟检验了公式的现实可操作性。

国外主要发达国家的财政转移支付测算体系已经较为成熟和稳定，相关研究较为少见，且强调了财政转移支付测算方法的客观性、透明度和稳定性，为我国提供了重要的借鉴。国内大部分学者对财政转移支付测算体系的研究多以均等化为前提，以此为基础，选择相应因素对财政转移支付分配方法进行公式化设计，这种设计思路没有对"粘蝇纸效应"加以充分考量，并且公式设计主要针对中央与省级层面，对于省级以下层面财政转移支付公式的设计没有形成统一完善的体系，没有充分考虑基层财政的现实需求。同时，对于国际上推崇的"因素法"转移支付办法，目前，我国学术界进行的相关研究极其有限，大多以定性研究为主，定量研究的文献很少，因素的选取及其权重系数的设定也缺乏系统、科学、充分的论证，因而，要设计出真正兼顾激励与均等目标的转移支付公式，这些方面必须全面加以考虑。

1.2.3　城镇化与财政转移支付关系相关研究的述评

城镇化发展是一个系统的过程，学术界关于城镇化与财政转移支付关系的研究中，外国尚未发现有关两者关系研究的专门文献，国内文献也较少，且研究视角各不相同。陈仲常和董东冬（2011）从人口流动的角度研究了城镇化过程中财政转移支付对区域经济平衡发展的影响，其研究结果认为，随着城镇化的推进，大规模劳动力从农村向城市、从西部向东部转移，人口流动使得区域人口负担发生变动，虽然西部地区获得的中央转移支付总额不断增加，但其获得中央财政帮扶的相对力度却低于东部地区，从而导致财政转移支付促进地区经济增长收敛效果并不明显。李兰和蒙婷怡（2012）利用 1994～2009 年数据，通过皮尔森（Pearson）系数相关性分析认为，转移支付在城镇化进程中起着至关重要的作用，城镇化率与财政转移支付具有高度正相关关系。葛乃旭、秦帅（2015）认为，财政转移支付在新型城镇化过程中对于调整不同地区间公共服务的水平、规模，以及促进基本公共服务均等化方面都发挥着重要的作用，因此，在确立财政转移支付目标时，我国应结合城镇化发展的实际国情，以实现基本公共服务均等化为根本目标，选择纠正横向不平衡、纵向不平衡、促进被补助地区的经济增长作为财政转移支付的三大目标。也有学者从农业转移人口市民化的角度来研究城镇化与转移支付的关系，如孙红玲、谭军良（2014）认为，只有打破我国原有的人口类别划分的界限，实行常住人口"标准人"再分配的公共服务均等化，构建农业转移人口市民化与财政转移支付挂钩机制，才能有效推进以人为核心的新型城镇化。石智雷等（2015）、张硕（2016）、刘琳等（2016）的研究认为，财政转移支付对于促进农业转移人口市民化、推动新型城镇化建设具有重要的作用，因而，应当建立健全财政转移支付与农业转移人口市民化的挂钩机制，并通过分析阻碍农业转移人口市民化的成本、财政转移支付制度缺陷等因素，提出了相应的对策建议。

从现有研究成果来看，上述文献分别从人口流动、城镇化率（量）和农业转移人口市民化角度来研究和分析了转移支付与城镇化之间的关系，从某个侧面反映了两者之间的内在联系，但关于财政转移支付与城镇化质量之间关系的研究，目前仍没有文献涉及。

从前文关于城镇化质量、财政转移支付以及城镇化与财政转移支付之间关系的相关研究可以看出，总体来看，国外相关研究文献较少，而国内分别关于城镇化质量或财政转移支付的相关研究成果较为丰富，但将城镇化与财政转移支付结合起来进行研究的文献仍十分有限，从质量发展的角度将城镇化质量与财政转移支付进行系统、综合研究的文献尚未发现。自2012年末我国官方文件中正式提出新型城镇化概念，并在2012年底中央经济工作会议中明确提出将全面提升城镇化质量作为城镇化建设的主要任务以来，关于新型城镇化建设质量问题受到社会各界的广泛关注，2014年3月16日，在我国发布的《国家新型城镇化规划》中进一步提出，要完善财政转移支付制度，建立财政转移支付同农业转移人口市民化挂钩机制，中央和省级财政安排转移支付要考虑常住人口因素。这表明国家进一步从财政上增强了提升新型城镇化建设质量的支持力度。但目前关于城镇化质量与财政转移支付关系的学术研究仍十分匮乏，这在客观上也要求相关研究工作应进一步加强和深化，因此，本书拟从城镇化质量的角度出发，以城镇化质量的全面发展为立足点，系统、综合地研究财政转移支付对城镇化质量的影响机制及效应，进而提出完善转移支付制度的相关建议，以弥补现有研究的不足。

1.3 研究目标、方法及技术路线

1.3.1 研究目标

本研究在梳理学术界关于城镇化质量和财政转移支付相关理论已有研究成果的基础上，旨在通过对城镇化质量和财政转移支付相关理论进行分析，提炼衡量我国城镇化质量的关键维度，构建财政转移支付影响城镇化质量的作用机理和路径，以此为基础，进一步利用县级面板数据分析我国财政转移支付对县域城镇化质量发展产生的影响效应，从而提出在城镇化背景下完善我国财政转移支付制度的相关政策建议。进而在实践中为促进我国转移支付体制改革、全面提升新型城镇化质量提供重要的借鉴意义。

1.3.2 研究方法

1.3.2.1 理论分析方法

本书通过阅读城市经济学、城市发展阶段理论、可持续发展理论、区域经济理论、系统论、新制度经济学、公共经济学、环境经济学、计量经济学等学科的大量文献，将多门学科进行结合，以此为基础，为科学地认识新型城镇化质量的内涵、深刻把握财政转移支付的相关理论，从而为厘清财政转移支付影响城镇化质量的机制以及后续的实证研究和相关政策建议都提供了有力的理论支撑。

1.3.2.2　规范分析方法

规范分析方法与实证分析方法相对应，它研究"应该是什么"的问题，这种方法侧重于使用主观性价值标准进行判断，体现主观条件、观念、目标和人性等因素导向的原则。本书将运用规范分析方法通过辨析与城镇化质量相关的概念，对新型城镇化质量的概念进行界定，并进一步对城镇化的相关理论和财政转移支付一般理论进行梳和分析，指出本书所研究的财政转移支付范畴。

1.3.2.3　实证分析方法

实证分析方法研究"是什么"的问题，这种方法使用客观事实标准，体现科学性与现实性相符合的原则。本书将设计若干统计指标，并建立适应的计量模型，通过 Stata12.0 计量经济分析软件，采用多元线性回归实证分析方法，利用四川省县级面板数据，实证分析和检验我国财政转移支付对县域新型城镇化质量产生的影响效应，注重研究对象、方法和内容之间的逻辑一致性。

1.3.3　技术路线

本书梳理了学术界对城镇化质量和财政转移支付的相关研究，结合城市经济学、系统论、城市发展阶段理论、可持续发展理论、区域空间结构理论、新制度经济学、公共经济学、环境经济学等理论基础，对城镇化相关概念进行辨析，界定新型城镇化质量的科学内涵，分析影响城镇化质量的相关因素，提炼出衡量城镇化质量的关键维度，并对财政转移支付进行相关理论方面的阐述，进而分析其影响城镇化质量的作用机理。在此基础上，通过建立计量经济模型，利用四川省县级面板数据，通过 Stata12.0 计量分析软件进行实证分析，检验城镇化进程中财政转移支付对城镇化质量

的实际影响效应。在此基础上以城镇化质量提升为立足点，提出完善我国
财政转移支付制度的相关政策建议。研究的技术路线如图 1 - 1 所示。

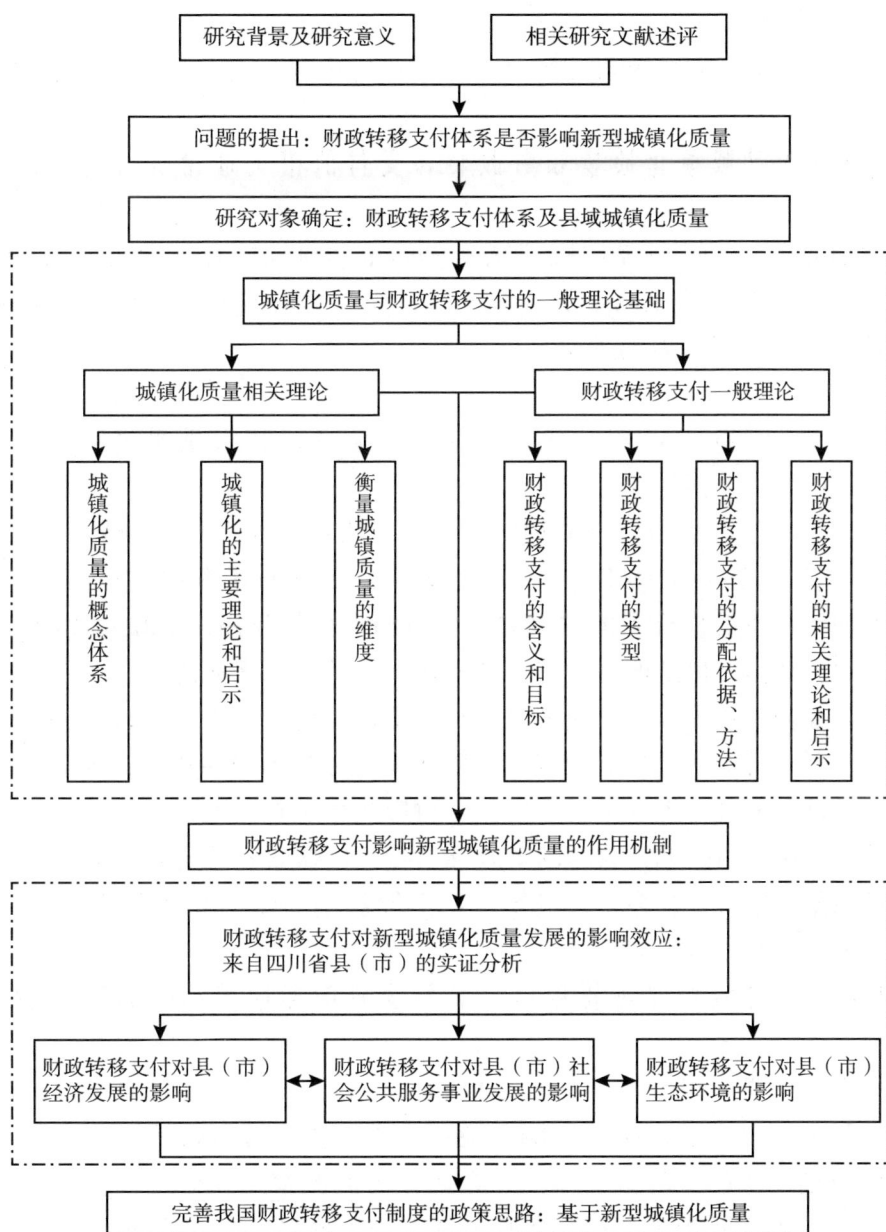

图 1 - 1 本书研究技术路线

1.4 研 究 内 容

遵循上述研究目标和技术路线，本书研究内容主要包括以下四个方面。

1.4.1 对城镇化质量和财政转移支付的相关理论进行研究

本部分旨在通过研究和梳理城镇化质量和财政转移支付的一般理论，提炼出衡量新型城镇化质量的关键维度，作为本书的逻辑起点，并为本书的整体研究奠定了必要的理论基础。

1.4.2 对财政转移支付影响城镇化质量的作用机制进行研究

本部分在上述基本理论梳理的基础上，将进一步分析财政转移支付影响新型城镇化质量的作用机制，以此构建本研究的基本理论框架。首先，分析在城镇化建设进程中地方政府所扮演的角色以及公共财政发挥的职能；其次，财政转移支付是地方政府公共财政收入的重要来源之一，本部分进一步剖析了在城镇化进程中财政分权、转移支付与地方政府支出行为之间的关系，以及财政转移支付与新型城镇化质量提升之间的内在逻辑；最后，在前面研究的基础上进一步分析财政转移支付影响城镇新型城镇化质量的作用体现。从而指出，通过地方政府的财政支出行为，财政转移支付对我国新型城镇化的质量从经济、社会公共服务、生态环境三个维度产生重要的影响。

1.4.3 对城镇化进程中财政转移支付的影响效应进行实证检验

本部分主要利用四川省县级面板数据，实证检验财政转移支付对衡量城镇质量的三个维度产生的影响效应：首先，实证检验财政转移支付对县域经济质量发展产生的影响效应；其次，实证检验和分析转移支付对县域公共服务事业发展产生的影响效应；再其次，实证检验财政转移支付对县域生态环境质量产生的影响效应；最后，综合检验在城镇化进程中经济增长、公共服务、生态环境三个维度之间的相互影响以及财政转移支付对三个维度产生的影响效应。

1.4.4 提出我国财政转移支付制度的政策建议

根据前面理论和实证分析的结果，从新型城镇化质量提升的角度，进一步提出了完善我国财政转移支付制度的政策建议。

1.5 研究的创新性

本书的创新性主要体现在以下三个方面。

第一，进一步拓展和充实我国财政转移支付制度的理论体系。本书在前人研究的基础上，将城镇化发展的相关理论与财政转移支付的相关理论相结合，根据我国城镇化发展和转移支付实施的实际国情，提炼出衡量城镇化质量的经济质量、社会公共服务、生态环境三个关键维度，并利用县级数据实证检验财政转移支付对城镇化质量产生的影响效应，从新型城镇化质量发展的角度来研究财政转移支付，这有利于我国在财政体制改革过程中充分考虑城镇化质量发展的相关因素，增强财政转移支付分配的科学性，丰富和完善财政转移支付的制度体系，提高其促进新型城镇化质量发展的积极效应，推动新型城镇化建设持续健康发展。

第二，揭示了中国财政转移支付影响新型城镇化质量的作用机制。现有文献研究财政转移支付的实施效果和影响时，大多仅对财政转移支付与经济增长、财政转移支付与基本公共服务均等化之间的关系和影响效应展开研究，尚没有文献对财政转移支付与城镇化质量之间的关系进行深入研究。本书在第3章中结合我国现实情况，分析了我国城镇化建设进程中地方政府的角色，进而深入分析在财政分权体制下公共财政、财政转移支付、地方政府支出行为与城镇化建设之间的关系，并根据前面提炼出的衡量城镇化质量的经济、社会公共服务、生态环境三个维度，从三个方面分析了财政转移支付影响新型城镇化质量的作用体现，从而构建出我国财政转移支付影响城镇化质量的作用机制，并构建出了影响机制图。

第三，运用数学模型分析城镇化进程中经济、社会公共服务、生态环境三个维度之间的交互影响，以及三者受财政转移支付的影响。根据系统论的观点，城镇化是一个各环节相互联系、相互影响、系统、复杂的过程，因此，衡量城镇化质量的经济、社会公共服务和生态环境三个维度之间必然存在一定的交互影响关系，本书在第4、第5章中将三个维度与财政转移支付放在同一体系中进行综合研究，通过数据模型实证考察在城镇化进程中经济增长、社会公共服务、生态环境之间的交互影响效应，以及在整体系统中转移支付对三个维度产生的影响效应。从现有研究来看，本书从这一角度系统研究城镇化质量三个维度之间的关系目前尚未发现有文献涉及，是本书的创新点之一。

第2章

城镇化质量与财政转移支付的
一般理论基础

理论基础是整体研究的必备条件和基石，因此，本章将在已有研究的基础上对相关概念和理论进行梳理和归纳，以便明确所研究的对象和范围，为后续研究和实证研究提供必要的理论依据和支撑。首先，通过对新型城镇化、城市发展质量、城镇化水平、城市综合实力、城市竞争力等相关概念进行辨析，以及对城市发展阶段理论、系统理论、可持续发展理论进行分析，为准确界定和理解城镇化质量内涵提供依据，并结合现有文献关于城镇化质量的研究成果，梳理衡量城镇化质量的重要因素；其次，对财政转移支付的内涵、目标、类型、效应、分配依据等一般理论进行探讨分析，为促进新型城镇化质量提升，构建科学规范的省级以下财政转移支付体系提供必要的规范性指导，解决"应该是什么"的问题。

2.1 城镇化质量的相关理论分析

2.1.1 城镇化质量的相关概念

对于同一问题，不同学者由于专业背景和认识的不同，其表述难免存在差异性，为更加清晰地界定城镇化质量的内涵，确保衡量城镇化质量时选择合适的指标，保证结果的可靠性和应用性，有必要对城镇化的相关概念进行梳理和辨析。

2.1.1.1　新型城镇化

"所谓新型城镇化，是指坚持以人为本，以新型工业化为动力，以统筹兼顾为原则，推动城市现代化、城市集群化、城市生态化、农村城镇化，全面提升城镇化质量和水平，走科学发展、集约高效、功能完善、环境友好、社会和谐、个性鲜明、城乡一体、大中小城镇和小城市协调发展的城镇化建设路子"（罗宏斌，2010）。仇保兴（2010）也认为，较之传统的城镇化，新型城镇化被赋予了新的科学内涵，传统的城镇化偏重于经济发展，追求城镇规模扩大和数量增加，注重城市发展；而新型城镇化则要求实现城镇化发展方向的转变，新型城镇化更加注重质量提升、经济社会的协调发展以及城乡的协调互补发展。相对于传统粗放型城镇化而言，新型城镇化强调以人为本，以科学发展观为指导，以城镇化质量提高为核心，以集约高效、结构合理、发展持续、生态环保、和谐公平为特征。因而，提高城镇化质量是推进新型城镇化的核心和必要前提。

2.1.1.2　城市发展质量

鲍悦华等（2009）通过对质量概念嬗变的研究，对城市发展质量概念进行了界定，认为城市发展质量是指城市在发展过程中，城市各种功能的发展以及它们对公众需求的满足程度。城市发展质量并不等同于城镇化质量，它只是衡量城镇化质量的一个组成部分，除城市自身发展质量外，城镇化质量还应包括城乡协调、城镇化推进效率等内容，因而，衡量城镇化质量时应避免将局部与整体相等同。

2.1.1.3　城镇化水平

从广义来看，城镇化水平体现在两个方面，即城镇化质量和城镇化数量。从狭义角度而言，城镇化水平通常指人口城镇化率，即某一地区城市人口占总人口的比重（谢文蕙、邓卫，1996），是从数量方面对城镇化的度量，本书采用狭义的角度来理解城镇化水平。

2.1.1.4　城市综合实力

"城市综合实力是指一个城市在规模和总量上衡量社会经济发展的静态

的比较综合力量，包括社会结构、经济效益、基础设施、人口素质、生活质量、社会稳定等内容"（童华胜、陈俊玲，2005）。城镇化质量不等于城市综合实力，但城镇化质量提升有助于增强城市的综合实力（余晖，2010），实际上，城市综合实力提高、城市规模扩大并不必然意味着城镇化质量的提升。因此，一些测度城市综合实力的总量性指标，如地区生产总值、社会消费零售总额、实际利用外资总额等，不能如实反映城镇化质量的深刻内涵。

2.1.1.5　城市竞争力

城市竞争力强调某一城市在与外界进行竞争时争夺市场和资源的一种能力。"主要是指一个城市相对于其他城市在竞争和发展过程中所具有的吸引、争夺、拥有、控制、转化资源，争夺、占领和控制市场，以创造产业价值收益，为其居民提供福利的能力"（倪鹏飞，2001）。城镇化质量提升意味着城市自身发展质量和绩效的提高，从而有助于提高城市竞争力。

2.1.1.6　城镇化质量

综合现有文献对城镇化质量概念的界定，本书认为，魏厚凯的观点较有代表性，他认为城镇化质量是一个综合性概念，"是指人口向城镇聚集、城镇规模扩大并引起一系列社会、经济和空间结构变迁的过程，综合反映这一过程各组成要素的发展质量、协调程度和推进效率等优劣程度，其发展成果不断满足城乡居民现代文明生活需求的程度"（魏厚凯，2014）。不仅包括城镇化水平的增长，而且要考虑城镇发展质量、城乡协调，以及所带来的经济、社会文明成果对人们生活的满足和所承担的一系列环境成本。具体从三个方面来理解这一定义：首先，城镇化质量是一个综合性概念，是城镇化进程中数量与质量的协调统一，既体现在城镇人口、城镇数量和规模等速度方面的适度增长，也体现在一定城镇化数量水平下，城镇化文明成果满足城乡人们现代生产、生活需求的程度，是过程与结果的协调统一。其次，城镇化质量是一个系统的概念，是城镇化过程中各构成要素发展质量的集合，涉及人口、经济、社会、生态自然等各个领域，本质上以各领域的结构优化、高效、智能、生态、协调发展为特征，是各领域系统协调发展的结果。最后，城镇化质量体现效率与公平的统一，不仅包括城镇自身各个方面的发展，还应包括城乡协调程度，以及经济、社会发展所伴随的资源环境效率，其中，城镇发展是核心，城乡协调是目标，资源环境效率是必要前提。

2.1.1.7 新型城镇化质量

准确把握本质内涵是理解和衡量新型城镇化质量的基础，通过上述相关概念的辨析与梳理我们可以发现，城镇化是一个综合的动态发展过程，也是一个系统变化发展的过程，它的发展质量不能仅仅以某个方面或某个点的发展来衡量，而是体现在整个系统中的经济、社会、环境、空间等各个方面的发展。因此，综合学者们对相关概念已有的界定，笔者较为赞同魏厚凯（2014）的观点，新型城镇化质量的概念具有综合性，是指在坚持以人为本，统筹兼顾，推动人口向城镇聚集、扩大城镇规模，实现城镇集群化、现代化过程中，应走科学发展、集约高效、环境友好、城乡协调的新型发展道路，从而实现经济、社会、环境、空间结构等各个环节一系列的良性变迁，它综合体现这一过程中各环节发展的质量、效率，以及各环节间的协调程度和对居民生活需求的满足程度。对这一定义，我们可以从以下方面加以理解：第一，新型城镇化质量的概念具有综合性、系统性，它体现在城镇化过程中经济、社会、环境、空间各个领域发展的质量，是人、社会、自然等各个环节发展质量的综合反映，它与城镇化率相区别，城镇化率是从量的方面对人口向城镇集中程度的度量。第二，新型城镇化质量概念体现人的主体地位和重要性，新型城镇化质量的发展不仅要考虑经济、社会、环境空间的发展质量，更要坚持以人为本为前提，不断满足人们对现代文明生活的需求。第三，新型城镇化质量注重整体系统中各领域发展的科学性、现代性、高效性和协调性，既体现效率，也重视公平。

2.1.2 城镇化发展的主要理论

2.1.2.1 系统理论

系统（system）理论的形成有着深远的渊源，早在中国古代和古希腊时期就已经有了朴素的系统观念，尤其是在哲学思想中注重从整体上看待事物、把握事物整体与内部要素之间的联系，体现了明显的系统思想。到了近代，系统思想得到进一步发展，辩证唯物主义认为，物质世界存在普遍联系的事物是一个统一的整体。随着人类生产实践和社会文明的进步，以及现代自然科学与科技理论整体化、综合化的发展，在早期系统思想的孕育下，20 世纪 30 年代，系统论开始作为一门科学被提出，由美籍奥地利理论生物学家贝塔朗菲（L. Von. Bertalanffy）创立，他于 1937 年第一次提出了一般系统论的框架，并于 1945 年公开发表《关于普通系统论》一文，而真正获得学术界公认的是其 1968 年出版的专著《一般系统理论：基础、发展和应用》，确立了系统论的学术地位，为这门学科的发展奠定了理论基础。

系统论的核心思想是系统各组成部分的整体观，认为系统形式是物质世界中的普遍存在，主张任何系统都是由内部各个要素相互联系组成的有机整体，应从整体出发来研究系统与环境、系统与部分以及系统之间的普遍联系，从而揭示事物发展规律。总体而言，系统论的主要观点体现在四个方面：一是整体观点，认为系统是一个有机统一的整体，追求整体效应，而不是各个部分简单机械地相加，整体功能大于各个部分功能之和；二是有机联系观点，任何有机体都是一个系统的整体，其组成部分之间是相互联系、相互作用、相互影响的，各个要素不能脱离整体而孤立存在；三是动态观点，即历时性，系统是发展和运动的，并随着时间与所处环境的相互作用，进行物质、能量和信息等的交换，在这一过程中进行系统内部关系以及与外界环境关系的自我调整，保持系统的动态稳定性；四是层级观点，认为任何有机系统都由一系列层次分明的子系统组成，具有严格的等级，每个层级的子系统都是系统的分支，按照由大到小的层次逐级组合与扩散，构成一个庞大的系统整体。对于城镇发展而言，城镇是一个由人口、自然、社会和经济等子系统构成的复杂巨系统，人口处于中心地位，系统与环境间相互作用是外在条件，子系统间协同作用是其有序发展的内在动力，在其推动下实现系统的自组织（崔胜辉等，2010）。

2.1.2.2 城镇发展阶段理论

城市是人类社会发展的客观结果，它随着时间的变化而不断演化，并在这一过程中呈现出不同的阶段性特征，城市发展的过程同时也是推动城镇化不断前进的过程。城市发展阶段理论是城市发展、演化和可持续发展等相关研究中最重要的思想支撑，也是城市更新与转型、城市空间和城镇体系等领域研究的重要思想依据（Roberts，1991）。最先明确提出城市进化的概念和城市生命周期思想的是格迪斯（P. Geddes），他于1915年在其著作《进化中的城市》（Cities in Evolution）中将进化论观点引入了城市研究之中。之后，美国社会生态学家麦肯齐（R. Mc Kenzie）运用生命周期思想，分析了城市作为"生态进程"发展的各种阶段及其表现（丁鸿富，1987）。1938年，芒福德（L. Mumford）在其著作《城市文化》（The Culture of Cities）中指出，城市诞生、演变和消亡的循环历程反映了人类文明的演进过程。在上述研究的思想影响下，1950年以来，关于城镇发展阶段的研究开始增多，主要有邻里发展阶段理论、单一职能型城市发展阶段理论和综合型城市发展阶段论。

（1）邻里发展阶段理论。这一理论在国外城市研究中受到广泛关注，其中胡佛等（Hoover et al.，1959）的研究，以及房地产研究公司（Real Estate Research Corporation，1975）对邻里的划分方案最具代表性，成为西方国家城市研究和相关政策制定中的一个基础理论。这一理论主要从家庭结构、种族构成、人口增减、建筑状况等角度将邻里划分为不同的发展阶段，在西方应用较为广泛，而在中国，由于发展历程和国情存在巨大差异，目前尚缺乏相应的研究和应用。

（2）单一职能型城市发展阶段理论。这一理论认为，单一职能型城市仅依靠单一产业的基本职能，如生产加工、矿产资源、旅游资源等，在一定区域经济发展中发挥专一职能。这类城市的发展阶段及生命周期过程依赖于某一类基本职能，随着其职能的兴衰而进行。如一些矿产资源型城市：煤炭资源城市、林业资源城市、石油开发城市等，它们的发展依赖于资源的储拥量和开发程度，随着资源的开发利用而兴起与发展，也随着资源的枯竭、产业的衰退而衰落或转型（郑国，2010）。根据资源储量和市场需求，资源型城市的发展阶段一般包括四个阶段：兴起期、成长期、繁荣期、衰退期（刘力钢等，2006），如图2-1所示。由此可见，城市内部资源和产业发展是影响城市发展质量的关键因素，资源型城市的发展阶段对资源的开发程度有着较强的伴随性和依附关系。

GDP（经济增长率）

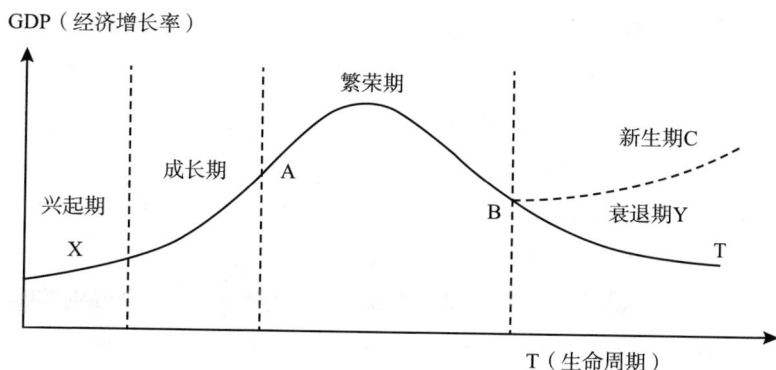

繁荣期

成长期

新生期C

A

兴起期

B

衰退期Y

X

T

T（生命周期）

图 2 - 1 资源型城市发展阶段

（3）综合型城市发展阶段理论。世界上大多数城市的发展是以综合性为特征的，只有极少数的城市为单一职能型。对于综合性城市的发展阶段，国内外学者从多个角度进行了研究。诺顿从产品生命周期角度，根据人口变化、市区与郊区社会经济差异、就业结构等指标将城市分为成熟阶段、多变阶段和青年阶段（Norton，1979）。美国城市地理学家贝里（Berry）认为，城市的发展经历是从成长到衰退的这一过程，因而，传统的大都市圈也将经历从集中走向分散的反城市化过程，从而出现"城市化的终结"。霍尔等人从都市人口变动与产业迁移的角度提出了城市化四阶段理论，即集中城市化、郊区化、逆城市化和再城市化（Hall and Hay，1980）。范登博格等人则根据发达国家城市人口变动规律提出了城市空间周期理论，即大都市生命周期包括四个阶段：向心城市化阶段、郊区化阶段、逆城市化阶段和再城市化阶段（Berg，1982）。叶齐茂应用"都市动力学模式"思想提出了城市的系统进化与周期律（叶齐茂，1993）。叶裕民从产业更替的角度，认为城市的生命周期取决于主导产业的兴起与更替，伴随着主导产业"上升期—成熟期—衰退期"的循环，城市的发展也呈现出相同的历史轨迹（叶裕民，2009）。郑国等人借用国家发展阶段理论，根据不同时期推动经济发展的关键因素将城市划分为要素推动、投资推动、创新推动、财富推动四个阶段（郑国等，2009）。

总体而言，综合型城市发展阶段理论在国际上已取得了丰富的研究成果，但其中应用较广的是霍尔的城市化四阶段理论，张越等人则结合城市地域空间变化规律对这一理论加以发展，分析了城市地域空间上的"集聚效应"和"扩散效应"这对矛盾的运动过程，认为城市发展历史体现了这对矛盾动态平衡与否的交替演变规律，并总结出前城市化、集中城市化、郊区化、逆城市化、再城市化五个发展阶段（张越等，1998）。前城市化阶段是在城市化以前，人类社会仍属于农业社会，随着农村区域初级产业的发展，在均质农业区域上出现一些散布的居民积聚点，即最初形态的城镇，其成长过程发展缓慢，依赖于初级产业的发展，属于消费型或防御类型的城镇，容易受到自然灾害和战争的影响；集中城市化阶段是城镇化的初级阶段，这一阶段的城镇化发展处于成长期，城市人口不断增长，追求集聚效应和规模经济，劳动力、资金、技术等生产要素向城市集聚，城市规模和数量不断扩张；郊区化阶段是城市发展合力在空间上"扩散效应"占据主导的时期，当集中城市化发展到一定水平后，随着城市圈内人口密度的增大，城市病出现并不断加剧，导致"集聚不经济"，此时，中心城市的人口和产业开始向郊区迁移，城市经济和文化不断向郊区扩散和蔓延；逆城市化阶段处于城市化的衰退期，当城市和郊区发展不能满足人们需求时，人口便开始从这些区域迁向小城镇和农村地区，城市功能进一步扩散，称之为"逆城市化"现象；再城市化阶段对应于逆城市化过程，是对中心城市的再次开发，吸引专业人员向城市回流，以解决由逆城市化造成的城市衰落问题（张越等，1998）。

2.1.2.3 可持续发展理论

美国雷歇尔·卡森（Rechel Karson）于1962年发表文章《寂静的春天》，曾指出随着人类社会生产力的发展，环境污染问题日益加剧，公害事件频繁发生。由此开始引起人们对传统发展方式的反思。1972年，美国丹尼斯·梅多斯（Dennis. L. Meadows）等人的研究报告——《增长的极限》，引起了人们对环境问题的广泛关注。世界环境与发展委员会（WECD）于1987年发表报告《我们共同的未来》，正式定义了可持续发展的概念："既满足当代人的需求，又不对后代人满足其需求的能力构成危害的发展。"此后，1992年联合国"环境与发展"大会的《里约环境与发展宣言》《21世纪议程》等引发了国际社会对可持续发展理论的广泛研究。

根据联合国世界环境与发展委员会的定义，可持续发展的核心思想主张在社会经济发展过程中，人类生产活动在满足当代人基本需求的同时，应充分保护好环境与资源，使子孙后代同样能够享受到健康的生态环境和充足的资源，保证后代人的生存权利，不以损害后代人发展能力为代价，强调发展与可持续性的统一。随着世界范围内城市的不断扩张，区域生态系统结构、功能和安全性面临巨大的压力，人们不断探索理想的城市发展模式，并根据可持续发展理论提出了"可持续城市"的概念。1991 年，联合国人居署（UN – HABITAT）和联合国环境署（UNEP）提出并推行了"可持续城市计划"。1996 年，第二届联合国人类住区会议对可持续城市进行了界定，认为在一个可持续城市，其社会、经济和物质均实现可持续发展，根据发展需求有可持续的自然资源供给（仅以可持续水平利用资源），对于可能威胁到发展的环境危害有可持续的安全保障（仅允许可接受的风险）。2000 年召开的"21 世纪城市：人居专家论坛"认为："可持续城市是指改善城市生活质量，包括经济、社会、政治、文化、生态和机制等方面，不给后代遗留负担的城市发展模式。"穆尼尔（Munier，2007）认为，可持续城市是指其居民对一系列可持续性的原则达成共识，并坚持去践行这一共识，这些原则应该为居民提供良好的生活质量，适宜居住的环境，以及可以承受的教育、医疗、住房和交通设施等。

2.1.3　城镇化相关理论对提高城镇化质量的启示

上述理论为推动我国城镇化发展提供了重要的指导，也树立了新的发展目标。从系统论角度看，城镇化建设是一项复杂而系统的工程，具有整体性、综合性特征，涉及自然、经济、社会、人口等各个方面，是各个领域子系统间相互咬合、相互影响、协调发展的过程，其中任一子系统的变化都会影响城镇化的整体运行。从城市发展阶段理论来看，城镇发展具有阶段性特征，城镇化建设应依据实际条件和情况，遵循其客观规律，实施不同的发展战略和模式，不能盲目贪大求快，大搞"造城运动"。从可持续发展角度来看，可持续城镇化应包括生态环境、经济和社会三个方面的可持续性发展（李金龙、谢玲玲，2011）。当前世界上，经济发展与人口、环境、资源之间矛盾不断加剧，随着我国改革开放以来城镇化的加速发展，交通拥堵、环境污染等"城市病"问题也日益严重，因此，在城镇化进程中，应立足长远，提高土地、资金、能源等资源利用效率，加强生态环境保护，不损害后代人发展空间和利益，彻底改变过去粗放型发展模式，走集约式发展道路。

城镇化是一个系统、整体、动态的发展过程，它并非简单的农村人口向城市的转移，而是会引起社会关系、经济发展、城乡生态环境、土地资源利用等各个方面变化的系统工程，是系统中人口、经济、社会、环境、资源、科技等各要素间相互联系、作用与耦合的有机整体。在城镇化建设中，应以科学、系统论的观点为指导，结合城镇化发展的阶段性特征，尊重客观规律，坚持以人为主体，转变经济发展方式，在一定的时空尺度上，既要建设城镇、努力发展经济，也要重视城乡协调和生态环境的保护，衡量地区的环境承载能力，有效配置资源，逐步优化结构，走集约型、内涵式新型城镇化发展道路，全面提高城镇化质量，实现人口、经济、社会、自然之间的全面协调和可持续发展。

2.1.4 衡量新型城镇化质量的关键维度

随着我国城镇化加速发展的进程中，经济发展与社会、环境、人口、资源之间一系列矛盾和问题的凸显，国内关于城镇化质量问题的研究也大量出现。根据前面所述现有文献取得的成果，从不同的角度出发，学者们对城镇化质量内涵的界定以及城镇化质量评价体系的构建都有所不同，但综合学界关于城镇化质量研究的已有成果和城镇化发展的相关理论，本书认为，衡量新型城镇化质量的关键维度主要包括以下三个方面。

2.1.4.1 经济发展维度

经济水平提高是促进城镇化发展的内在动力，对地区经济发展水平的测度是衡量城镇化质量的首要因素，体现经济发展水平的因素主要有生产水平、产业结构、地方财政收入、居民生活水平等。生产水平一般由地区总体 GDP 和人均 GDP 来衡量，反映该地区的经济实力和生产能力；产业结构即指第一、第二、第三产业所占比重，它反映地区整体经济的合理性和科学性，通常，非农产业即第二、第三产业所占比重越高，经济水平也越高；地方政府财政实力越强，越能够为本地经济和社会发展提供良好的公共条件，从而促进本地的繁荣，因而，在合理税制条件下，地方政府一般预算内财政收入水平的增加也反映了本地经济的发展；城乡居民生活水平越高，表明该地区经济发展程度也较高。经济发展因素体现城镇化进程中社会经济的运行状况，综合反映城镇经济实力、经济发展程度和发展前景，是人类物质文明进程的体现，是衡量城镇化质量的基础性因素。

2.1.4.2　社会发展维度

人的全面发展是社会进步的根本，社会发展因素关系到人们的切身利益，是实现人的自由发展的必要条件，这类因素主要包括科技、教育、文化、医疗卫生、人口素质、社会就业、基础设施等与居民生活密切相关的各个方面。科技是社会经济发展的动力，教育既为经济发展储备必需的科技人才，也可以提高社会人口素质；文化资源及设施是发展教育事业的必备条件；医疗卫生关系到人们的福利和生存问题；就业状况反映劳动力使用状况；道路交通、网络、通信及水电等基础设施则与人们的生活水平息息相关。各项社会发展因素水平的高低直接反映了人类生存和发展所具备的社会条件，体现了社会进步的程度，因此，在我国新型城镇化发展背景下，"以人为本"的理念日益受到重视，社会发展也是衡量城镇化质量的关键因素。

2.1.4.3　生态环境维度

在我国传统的粗放型发展模式下，随着大规模乡村人口向城镇聚集，以及工业经济的发展，城镇化发展科技含量低，外延式扩张迅速，土地、资金、能源、资源投入高，利用效率低，污染严重，导致自然环境遭到严重破坏，制约了城镇化与社会经济的健康发展。鉴于此，我国有限的资源条件客观上要求提高城镇化发展的科学性，集约利用土地、保护耕地、节约资源，走资源节约型、环境友好型的新型发展道路。同时，城镇是人类经济集中活动的空间，也是生活居住的空间，在经济物质水平提高的同时，城镇居民也更加注重改善生活质量，需要创造良好的人居环境和宜居的公共生态空间，建设宜居的绿色、生态型城镇。实现生产空间、生活空间和生态空间三者之间关系的相互协调、良性发展，是推动新型城镇化、衡量其发展质量的重要内容。因而，衡量新型城镇化质量的生态环境因素主要包括生活空间宜居度、环境绿化程度、污染处理、资源利用效率等。城镇人均居住面积适度，环境绿化率越高，污水、垃圾等污染物处理率越高；工业废物综合利用率越高，则城镇环境越好，表明城镇化质量也越高。

2.2 政府间财政转移支付的理论分析

2.2.1 财政转移支付的内涵

早在 1928 年，庇古（Pigou A. C.）最先提出了财政转移支付的概念，在其著作《财政学研究》中，他认为国家经费包括消费性经费和转移经费①（杨灿明等，2000）。根据联合国《1990 年国民账户制度修订案》中的界定，广义上，转移支付是指将现金或实物所有权由一方向另一方的无偿转移。财政学中根据以上思路通常将转移支付分为两类：一是政府对个人或企业的转移支付，也称为转移性支出，主要包括各种社会保险和社会福利；二是政府间的转移支付（董艳梅，2014）。关于政府间财政转移支付的定义，理论界已形成共识，是指政府间财政资金的无偿划拨和移交，是单方面的无偿让渡（王鹏，2012）。财政学界对其界定也有广义和狭义之分，在广义角度上，在既定的事权、财权和支出责任内，财政转移支付是指一国各级政府之间财力、资金在不同级别政府间或同级政府间的无偿转移，既包括上下级政府之间的补助和上解，也包括同一级别政府之间的横向财政拨付。横向财政转移支付如德国和很多北欧国家实施的转移支付制度。在狭义的角度上，财政转移支付一般是指上级政府对下级政府进行的无偿财政资金拨付，是上级政府为实现一定的社会经济意图，满足下级政府完成本级或上级移交事权责任而进行的财政补助。实质上，财政转移支付制度是国家基于各级政府财政能力和支出需求的不一致，为实现社会和经济宏观调控目标而实施的一种财政平衡制度（马海涛、姜爱华，2010）。本研究对于政府间财政转移支付的理解是基于狭义的角度。

---

① 消费性经费也称真实的经费，主要用于邮政、教育、煤气、陆海军等财货和劳力；转移性经费主要用于支付本国人民内债利息、养老金、抚恤金、奖金等方面。转移性经费只在国民经济中通过国内购买力强制转移调节所得的分配关系，不消费任何财货，对国民经济的作用是间接的。

2.2.2　财政转移支付的目标

在财政分权体制下，各级政府根据财权与事权相结合的原则组织财政收入和支出。财政转移支付是中央对下级政府实施的财政补助，是中央政府进行宏观调控，有效配置资源，实现社会公平的必要手段。总体而言，中央政府通过财政转移支付主要实现以下目标。

2.2.2.1　弥补财政缺口，平衡地区间财力差异，实现基本公共服务均等化

在市场经济条件下，市场经济的波动必然带来财政收支的波动，同时地区间经济发展的不平衡也会导致其财政收支不均衡，因此，市场经济发展的非均衡性必然导致地区间财政的非均衡，要纠正和抑制这种不平衡必须通过建立财政转移支付制度实现财政均衡。实现财政收支平衡是保持政府财政活动顺利运行的基本要求，由于各地区自然条件、经济水平、资源禀赋等不同，会导致其财政能力和支出需求不对称，或者由于财权与事权的不匹配导致的财政收支不平衡，使得地方政府面临一定的财力缺口。弥补地方政府的财力缺口，平衡各地财政能力是促进地区经济均衡发展和公共服务均等化的前提和要求，这意味着地方政府拥有充足的资金提供公共服务。目前，我国城镇化建设处于转型的关键时期，要走以人为本、可持续发展的新型城镇化道路，就必然要解决与人民生活息息相关的民生性问题，如教育、社保、医疗、就业、文化、收入分配差距等，保证全国居民都有权利享受到大致均等的公共服务水平。这就需要从全局角度平衡各利益群体的关系，建立一个利益均衡机制，实现基本的公正与公平，因此，财政转移支付制度是中央政府消除经济和社会发展中出现的不平衡问题，促进基本公共服务均等化的必要手段。

2.2.2.2　有效调节和激励引导资源配置

公共物品的提供具有层次性，这是由其受益空间和成本分担机制决定的。有些公共物品属于国家供给层面，受益对象是全国居民，如国防、外交、公共安全等，这类公共物品成本与收益对称，不存在收益或成本的外溢性问题，一般由中央政府来供给。但也有很多公共物品属于中央和地方

政府或者地方政府之间交叉供给层面，如污染治理、水利工程、高等教育、交通设施等，这类公共物品在辖区间具有利益外溢性特点，其成本与利益之间的不对称会使得地方政府对其成本和收益难以作出准确的评估，从而导致公共物品供给不足或规模过高，损害了资源配置效率，因而，对于市场机制配置作用失效的领域，需要中央政府通过必要的财政手段进行合理配置、调节和协调，达到资源优化配置。同时，作为各地区公共物品或服务的主要提供者，地方政府根据成本和效益评估进行配置决策时，往往为实现经济效益的最大化，偏重于投资基础设施等促进本地经济发展的经济性公共物品和服务，从而使得社会保障就业、医疗卫生、文化教育等民生性公共物品的提供，虽然短期内刺激了本地经济增长，却不利于社会效益的增加，不利于民生事业的进步和长远发展。因而，运用财政转移支付，国家可以调节、引导和激励地方政府纠正公共服务供给的行为偏差，使地方政府行为倾向于符合中央政策目标和全国利益。此外，在市场经济中，地方政府为吸引外资发展经济展开激烈的竞争，导致资金、劳动力等资源较多地流向税负轻、公共服务水平高的地区，使得生产资源在地区间不能合理流动，没有得到有效充分利用，这在一定程度上干扰了市场机制的自由导向作用，造成经济效率损失和社会不公平。因此，国家通过适当的财政转移支付政策，可以促进地方政府优化资源配置，调整财政投入方向，促进资源合理流通，优化经济结构，提高市场运作效率。

2.2.2.3 加强国家宏观调控

我国行政管理体制有着独特的制度背景，在分级治理体制下，政府框架层级较多。"地方政府具有双重身份，既是相对独立的利益主体，也是中央政府的行政代理人"，其行为既受自身发展目标的驱使，也受到中央和上级政府有力的财政和行政约束（贾俊雪等，2012）。中央政府需要立足于长远目标和整体社会经济利益，并从全局角度有效保持对地方运作的管理；而地方政府的双重身份往往使其在地方利益与国家目标之间进行权衡，地方政府为促进本地发展，往往过于关注短期经济增长目标的实现，当地方自身经济发展诉求与全国利益和中央政策目标发生矛盾冲突时，中央政府需要通过财政转移支付制度来协调与地方的关系，调整地方政府财政行为的偏差，增强宏观调控能力，维护中央的权威。同时，财政转移支付也是国家进行经济宏观调控重要的杠杆，可以引导资金投向，刺激国内需求，有助于适应经济周期波动，缓解经济衰退，维持经济稳定发展。

2.2.3　财政转移支付的类型

中央财政转移支付是增加地方财政收入、弥补地方财力缺口的重要途径，公共财政理论中通常将政府间纵向财政转移支付分为两种基本类型：一是有条件转移支付；二是无条件转移支付。根据不同的拨付条件和用途，每一种转移支付内部的具体种类也有所区分，且形式不同所产生的效应存在较大差异。

2.2.3.1　有条件转移支付

有条件转移支付也称为专项补助或拨款，上级对下级政府进行此项补助的划拨时，要求下级政府必须满足一定的标准和基本条件，即下级政府必须按照指定的用途和规定的项目、方式使用资金。具体又包括非配套的专项补助和配套的专项补助。非配套的专项补助不要求接受资金的下级政府提供配套资金，但资金要按照上级政府指定的项目用途来使用；配套的专项转移支付要求接受财政资金的下级政府既要按照指定用途使用资金，也要提供一定比例的配套资金，此项财政转移支付资金主要用于矫正具有外溢性效应的公共服务项目。配套的专项转移支付又可分为封顶的和不封顶的两类，前者规定了补助的最高限额，后者没有规定补助的最高限额，下级政府只要有配套的资金，就可以按照规定比例获得上级政府的补助，转移支付额的多少取决于下级政府能够提供的配套资金规模（谢京华，2011）。此外，还有一种使用范围较宽的有条件转移支付即分类转移支付，这种补助形式不规定具体用途和项目，仅限定使用方向，不具体指明款项使用的细目，比如，某地方政府获得一笔用于教育的转移支付资金，仅可用于教育事业范围，不可用于医疗卫生或其他事业项目，但在教育事业范围内的具体支出由地方政府自由安排（钟晓敏，1998；董艳梅，2014）。

2.2.3.2　无条件转移支付

无条件转移支付也称为均衡性转移支付或无条件补助，这类转移支付不附加任何条件，下级政府得到补助后，资金使用不受限制，可以自主调配，不限定使用条件和用途。无条件转移支付可以是上级政府对下级政府的一次性财政补助，也可以是基于地方政府财政收入努力程度的补助，即地方政府的财政努力程度决定着接受补助额度的多少，一般以税收努力程度来衡量地方政府的财政努力（钟晓敏，1998；谢京华，2011）。无条件转移支付的目的主要是实现地区间财政均衡，用于缩小地区间差距，保证各级政府整体财政预算平衡，促进基本公共服务均等化（马海涛等，2010）。因此，对于均等化转移支付资金分配采用怎样的计算方式，如何提高其科学性和均等化效果，是整个财政转移支付体系的核心内容，长期以来在理论和实践中成为关注的焦点。

2.2.3.3 税收返还

在我国财政体制中，还有一种特殊的财政转移支付形式——税收返还，它是我国政府间纵向财政资金转移的特有形式，目前，包括消费税和增值税返还、所得税基数返还、成品油税费改革税收返还。1994 年，在我国分税制改革之初开始实施税收返还制度，它是中央对地方上划收入进行的一种财力补偿，对于税收返还是否属于财政转移支付体系，在国内存在一定争论。从我国财政界运行实践来看，在财政部门报表体系中，历年来财政部门所作的年度财政预算执行报告和预决算报表中，均将税收返还与财政转移支付并列表述，税收返还属于单独列支，不包括在我国现行转移支付体系之中，可见财政部认为它不属于转移支付体系。但是从公共经济学角度来看，由于税收返还资金多以中央和地方共享税为基础，属于一种收入分享形式，是再分配性质的财政补助，某种程度上与地方政府的税收努力相关（如消费税和增值税"两税返还"[①]），并且税收返还资金的征收和初次分配权利在于中央，返还在本质上属于中央与地方政府之间财政收入的二次分配，是政府间财政资金的转移和调度，从这个角度来看，它具有财政转移支付的一般性质，虽然名称上有所区别，但实质上税收返还是我国一种特殊形式的转移支付。

---

① "两税返还"规定中央对地方消费税和增值税税收返还以 1993 年返还额为基数，以后每年按两税增长率的 1：0.3 系数逐年递增，即消费税和增值税每增长 1%，则中央对地方政府税收返还额增长 0.3%。

尽管税收返还制度的实施在财政改革过程中调动了地方政府的积极性，一定程度上保障了改革的顺利推行，但多年来由于税收返还占用了大量的中央财力，某种意义上减少了中央收入，对于政府财力的纵向调节功能十分有限。税收返还缩小了中央政府真正用于平衡地区财力差距的财政转移支付资金规模，同时它按照地方税收能力和资金来源地就地返还的原则实施，没有考虑各地财源结构因素，忽略了地区差异，不仅没有调节地方政府间横向财力失衡，反而加剧了地区间的财政贫富差距，这与财政转移支付的目标是相违背的。正是由于税收返还存在诸多弊端，近年来其在我国财政转移支付规模中所占比重逐年大幅度下降。

2.2.4　财政转移支付资金分配依据和方法

财政转移支付是国家协调各级政府之间财权、事权、责任以及利益关系的重要手段，也是实现一定政策目标的必要工具，财政转移支付资金的分配受多种因素的影响，既有政治因素，也有经济因素，中央对地方政府实施财政转移支付时需依据两方面的因素进行综合考虑。

从政治方面来看，政治影响财政转移支付的方式有两种，即自上而下的供给拉动和自下而上的需求拉动。自上而下的方法表现为，在地方政府辖区内，中央利用财政转移支付政策工具可以调配资源，促进地方政府按照有利于它的方式进行再分配的激励。自下而上的方式体现为，在中央政策的实际制定过程中，中央政府并不是唯一的决策者，许多利益相关者也参与其中，若相关利益主体对中央政府决策的影响较大，则其政治势力也会影响中央政府对财政转移支付作出的反应（罗宾，沙安文著，庞鑫等译，2011）。地方政府是国家的出资代理机构，无论是哪种方式的影响，财政转移支付都有助于增加地方政府的动力，比如，通过有条件的财政转移支付激励地方政府在某些地区提供最低标准的公共服务，从而才能从中获得相应收益。同时，中央政府也希望地方政府减少或消除对财政转移支付的依赖性，能够自己解决收入来源，以消除财力缺口问题，履行支出责任，这意味着中央政府将会采取必要的措施，为地方政府安排新的收入来源。

从经济方面来看，转移支付分配主要依据的是财政失衡和外部性原理。财政失衡是由于政府财政收入与支出的不对称造成的，包括纵向失衡与横向失衡。纵向财政失衡是指不同层级政府间收入与支出的差异；横向财政失衡是指同一层级政府之间财力资源间存在差别。在合理税收条件下，有些地方政府具备充足的财力，能够为本区提供恰当的公共服务，而有些地方政府不能提供。在合理税率水平下，各地区人均税基和税收构成不同，影响着地方财政收入能力，同时，不同地区的支出需求和成本也存在着差异，可能会使有些地区的支出需求大于平均水平，因而，地区之间横向财政失衡便容易产生。外部性问题在私人产品和政府部门提供的公共产品领域都是存在的。对于具有正的外部性即收益"外溢"的公共产品，由于其受益范围和成本承担范围超出了本地政府辖区，地方政府出于成本和收益的考虑，其供给策略往往容易产生某种偏差，因而，唯有上级政府从高层次角度采取干预措施，才能进行调节和矫正。

在财政转移支付资金分配体系中，科学而完善的测算方法关系到资金分配的效率，目前，国内外主要有两种对财政转移支付资金进行分配的方法：因素法和基数法。"因素法是上级政府根据转移支付的目标，综合分析影响某一地区财政收入能力和支出需求的各种因素，并对各种因素变量进行综合测算，在此基础上来确定对该地区转移支付额的方法"（马海涛等，2010）。因素法采用公式化的测算体系来安排上级政府对各地区的转移支付额，综合考虑影响各地区收入和支出的各类因素，具有客观性和科学性，这种定量分析的方法能够提高财政转移支付的效率和公平性，是国际上普遍采用的方法，如在澳大利亚、加拿大、德国、日本、印度等国家都得到了较为成熟的运用。我国1995年制定的《过渡期转移支付办法》中也开始采用因素法，虽然第一年所占比例仅为财政收入的0.5%，在财政转移支付体系中比重极低，且在因素的选取、权数的衡量、各类经费和支出标准的估算方法上等存在许多问题，但也是我国财政转移支付体系改革的重大突破，是对我国长期采用"基数法"的一次革命（钟晓敏，1998）。这种方法的应用有助于提高财政转移支付的科学性、规范性和公平性，对于我国财政体制改革具有深远的意义。"基数法是指根据社会经济发展情况以及财政可承受性等，在以前年度基础上确定下一年度的转移支付额度"（马海涛等，2010）。这种方法注重过去和历史因素，不注重未来和发展因素，具有诸多的弊端，如果每年核定一次基数，核定时地方政府会过度强调收入增长的困难和支出增长的原因，而在实际管理中又顾虑重重，导致出现收入减少、支出扩大反而被"鼓励"的现象，这不利于地方政府的增收节支和长远经济发展；如果几年核定一次基数，虽然一定程度上提高了地方政府增收节支的积极性，但由于各地经济发展水平存在差异，容易加大地区间的财政不平衡和贫富差距。我国在 1994 年进行分税制改革时开始实施的税收返还采用的便是基数法，它是将地方增值税和消费税按一定比例上划为中央收入后，再将其中大部分返还给地方，它以 1993 年为基期，在 1994年以后按两税增长率的 1∶0.3 为系数逐年递增。

2.2.5 财政转移支付的相关理论及启示

2.2.5.1 财政分权理论

"财政分权是指中央政府给予地方政府一定的税收权和支出责任范围，允许地方政府自主决定其预算支出规模和结构"（边维慧、李自兴，2008）。财政分权是当前世界上普遍采用的政府治理模式，也是财政转移支付制度实施的基本前提，因此，有必要对其理论加以研究和认识。

（1）财政分权理论。财政分权理论自 1956 年开始兴起以来，它的发展主要经历了两个阶段。

第一阶段：传统财政分权理论。以蒂布特（Tiebout）、奥茨（Oates）和马斯格雷夫（Musgrave）等人的先驱性贡献为基础，也被称为财政联邦主义。这一理论在发展公共产品理论的基础上，重点研究在不同层级政府间职能的合理划分、财政分权的必要性以及不同层级政府间财政资源的合理配置等问题。蒂布特（1956）以人口在辖区间自由流动不受限制等 7 个假设条件为前提，提出了著名的"以脚投票"理论，他从偏好显示出发，认为对于不同社区的公共物品和税负组合，辖区居民根据自己的意愿可以选择社区居住，这种"用脚投票"的机制会促使辖区政府为吸引选民展开竞争，更加有效地提供公共物品、优化资源配置，从而实现整个社会的福利最大化和帕累托最优。斯蒂格勒（Stigler，1957）阐明了地方政府存在的合理性与必要性，并认为人们有权对本辖区公共服务的种类和数量投票表决。这表明各地区应有权决定本地公共服务的提供。马斯格雷夫（1959）对政府的财政职能进行了界定，认为政府的财政职能主要在于三大领域，即收入分配、宏观经济稳定和资源配置，并在中央和地方政府之间对财政三大职能作了划分，并详细规定了中央与地方政府之间税收划分的原则。斯蒂格利茨和达斯古普塔（Stiglits and Dasgupta，1971）也认为，地方政府在获得居民信息方面比中央政府更有优势，能够更有效地提供公共品。奥茨（1972）将所有人口分为两个层次的子集，认为不同子集间居民的偏好是存在差异的，同一子集内部人口的偏好则相同，偏好的差异性对分权决策具有重要影响，对于提供一定量的遍及所有地域人口子集里的公共物品，中央政府往往会忽略子集间偏好的差异性，在资源配置上难以实现帕累托最优，而地方政府能够比中央政府更有效率地提供公共物品，从而达到帕累托最优，由此，奥茨对于不同层级政府职能分工提出了著名的分权定理："让地方政府将一个帕累托有效的产出量提供给他们各自的选民，总要比中央政府向全体选民提供任何特定的并且一致的产出量要有效得多。"传统财政分权理论的假设前提为政府是公共利益的维护者并以追求社会福利最大化为目标能够自动优化配置资源，以不同层级间政府职能分割关系来考察制度设计的合理性，并寻求通过财政分权来更加有效地实现资源配置、收入分配和宏观经济稳定的公共政策目标。但传统财政分权理论受到了以布坎南（Buchanan）为代表的公共选择理论的批评，公共选择理论认为，政府的目的不是社会福利最大化，而是税收收入最大化，而且从宪法意义来看，财政联邦主义的一个重要内涵便是将联邦制结构作为约束政府潜在剥削行为的手段。布坎南（1965）提出的俱乐部理论是研究地方政府规模的理论基础，他和托利森（Tollison，1984）通过建立模型来研究自愿俱乐部的效率性质，以确定俱乐部的最优规模，这一理论也为研究地方公共物品供给问题提供了重要的思路。威廉姆斯（Williams，1966）针对公共物品供给中存在的外部性问题进行了分析，认为在地方政府增加公共物品供给过程中，往往会忽视他人收益的增长，当公共物品供给量增长直到边际收益等于边际成本，其停供点可能会小于社会最优供给量，因而，必然会导致公共物品供给不足。这表明，对于具有正外部性的公共物品，分散化的地方政府供给会使得供给量难以实现帕累托最优。

第二阶段：第二代财政分权理论。它也被称为"市场维护型财政联邦主义"，以温格斯特（Weingast）、钱颖一、罗纳德（Ronald）和麦金农（Mckinnon）等的研究主张为代表，重点关注政府行为和经济增长。他们批判地继承和发展了传统财政分权理论的核心思想，并不赞同该理论关于政府是社会公众福利最大化者的假设，而是借鉴新制度经济学中的企业理论，引入政治因素和机制设计等观念，认为要建立一个有效的政府治理结构，应当在政府和地方居民福利之间实现激励相容，好的政府结构能够为市场提供支持，带来好的市场效率，因此，在设计政府结构时应考虑激励机制和自我约束机制，使各级政府各司其职，共同保障市场机制运行，促进其发展，使交易各方都能够从市场增进中获益（边维慧、李自兴，2008；周中胜，2011）。第二代财政分权理论还认为，分权会引导地方政府积极改革和转型，促进地方政府为竞争而放松行业管制、减少市场干预，从而提高市场经济效率（Qian and Weingast，1997）；财政分权有利于硬化地方政府的预算约束，会增加地方政府援助无效率企业的机会成本，提高政府财政支出效率（Dewatripont and Maskin，1995；Mckinnon，1997；Qian and Roland，1998）。此外，麦金农和温格斯特也强调了地方政府不能对政府间财政转移支付形成过多依赖，必须依靠自身财源。市场维护型财政联邦主义通过限制中央政府行为，削弱了寻租和政治保护，同时由于联邦制导致了地区间竞争，也有利于促进地方政府采取行动保护市场。

两代财政分权理论都强调了分权的必要性，大多数实证研究也认为分权与经济增长具有正向关系。进入 21 世纪以来，随着财政分权在实践中应用的深入，学者们的研究也不断深化，开始从更广泛的角度对财政分权理论和实践加以研究，主要关注的领域除了财政分权与经济增长间的关系之外，还扩展到财政分权与区域经济协调的关系，以及财政分权对社会公共服务供给、社会公平、环境治理等社会问题的影响。学者们立足于不同角度取得的研究成果，丰富了财政分权理论的内容，也为其在实践中的运用拓展了思路。

（2）财政分权理论对优化我国财政转移支付制度的启示。当今世界各国已普遍实行财政分权，我国作为一个多层级政府治理国家，各级地方政府财政对中央政府存在一定程度的依赖性，借鉴财政分权理论，对于进一步优化我国财政转移支付制度可以得到以下几点启示：第一，协调中央与地方矛盾，促进两者之间利益和目标的统一。地方政府在安排财政支出时，出于本地区经济增长目的的考虑，其支出偏好与公共投入侧重领域可能会与全国利益和国家政策目标产生偏离，特别是在我国城镇化加速发展的背景下，地方政府可能为了追求经济增长，过度投资经济性公共服务领域，而忽视民生问题的解决，因此，优化财政转移支付制度应协调好两者的矛盾，加强中央政府通过财政转移支付政策实施宏观调控的能力，确保地方政府与中央目标的一致性，有效激励地方政府的支出行为符合全国和人民利益，这也有利于促进新型城镇化质量的全面提升。第二，对于具有地区间"收益溢出"效应的公共物品，中央政府在设计财政转移支付制度时应加大其对地方政府供给的激励效果，制定合理的成本分担机制，扩大供给途径，确保这类公共物品供给满足基本的社会需求，促进地方政府优化资源配置。第三，增强中央财政转移支付对地方财力的均等化效果，平衡地区财力差异，切实提高经济落后地区财力水平，保障各级地方政府有能力为全体居民提供基本的公共物品和服务，并有效促进落后地区的经济发展，推动区域经济协调平衡，但同时也要预防地方政府对中央财政形成过度依赖。

2.2.5.2 公共财政理论

（1）西方公共财政理论的起源和发展。亚当·斯密于1776年出版了《国富论》，成为公共财政理论诞生的标志，自此公共财政理论便被作为一门独立的学科进行研究，此后这一理论的发展经历了自由资本主义时期、垄断资本主义时期以及经济"滞胀"时期自由主义的回潮。在自由资本主义时期，亚当·斯密及其追随者主张自由竞争，认为市场可以实现资源的有效配置，反对国家对经济活动进行干预。19世纪末20世纪初，资本主义发展到垄断阶段，市场的缺陷逐步凸显，经济发展出现剧烈波动，国家开始加强对经济的干预，公共财政的作用日益重要。20世纪20年代，福利经济学在英国兴起，主要研究政府在实现社会公平方面的作用。1929~1933年，资本主义世界经济危机爆发后，英国经济学家凯恩斯于1936年发表了《就业、利息和货币通论》，认为政府应采取必要措施弥补市场缺陷，主张国家干预经济，加强宏观管理，刺激有效需求，矫正宏观经济波动与失衡，并认为财政税收是国家干预和调节市场经济平衡发展的重要工具。之后，凯恩斯理论得到罗宾逊、哈罗德、萨缪尔森和汉森等经济学家的进一步发展。20世纪60年代中期以后，资本主义经济发展进入"滞胀"时期，由于政府对市场经济干预过多导致严重的财政赤字和通货膨胀，新自由主义、供给学派和货币主义等纷纷对凯恩斯主义提出质疑。20世纪70年代起，自由主义出现回潮，经济学家们经过对现代西方经济理论的反思，以阿罗和布坎南为代表发展起来的公共选择理论的影响迅速扩大，它是利用"经济人"假设分析导致"政府失灵"的原因，既承认市场缺陷，也承认政府缺陷，关键在于公共决策过程中如何作出选择。它认为公共物品供需双方共同决定着政府财政预算决策的过程，预算决策必须遵守一定的民主政治程序，符合公众集体偏好或意愿，预算内容和编制执行情况应向社会公开，接受公众监督。当代西方公共财政理论认为，社会经济运行应以市场作为资源配置的主体，由于市场缺陷的存在，政府有必要对经济进行干预和调节，以克服市场失效，但政府仅应在"市场失灵"的领域发挥职能，财政是政府执行其职能必要的手段，公共财政是适应市场经济发展、弥补市场缺陷的财政模式，它是政府提供公共物品的分配行为，具有非营利的性质。

（2）我国公共财政理论。国内公共财政理论的发展起步较晚。20 世纪 70 年代末，我国开始进行整体经济体制改革，同时也开启了财政体制改革的步伐，随着 1992 年我国发展社会主义市场经济目标的确立，西方公共财政理论开始受到财政学界的关注，并提出以公共财政作为我国财政改革的方向，由此引起了公共财政理论与其他财政学派的争论，其中主要的是"国家分配论"。1997 年，厦门大学教授张馨发表了《论公共财政》一文，标志着公共财政理论在我国被正式提出。张馨指出："公共财政是国家或政府为市场提供公共服务的分配活动或经济活动，它是与市场经济相适应的一种财政类型或模式"（张馨，1999）。何振一（1986）提出了"社会共同需要论"，其他学者如高培勇（2000）、刘溶仓（2001）、陈昌盛（2002）从社会公共需要的角度分析了公共财政的内涵。贾康则融合了"公共财政论"和"国家分配论"两种理论，从国家产生之前至消亡之后这一更长的时间维度考察了财政的公共性和阶级性问题，他认为："公共财政是以社会权力中心代表公众利益，为满足社会公共需要而发生的理财活动，属于社会再生产分配环节上的公共分配"（贾康、叶青，2002；贾康，2005）。

（3）公共财政理论的主要内容和公共财政的基本特征。综合国内外公共财政理论，其主要内容包括以下几点：第一，市场缺陷的存在导致"市场失灵"，政府有必要干预和调节市场经济；第二，政府是有限的政府，政府只能在市场调节失效领域和非市场领域履行职能；第三，财政是政府治理社会、发挥职能的主要经济手段，公共财政是一种符合市场经济需求的财政形态；第四，公共财政应为全体社会成员提供公共物品和服务，其宗旨在于追求社会公共利益；第五，公共财政具有处理经济行为和政治决策行为的双重功能，财政决策过程中公众参与各项财政决定，体现了公共财政的民主性。公共财政在本质上是以公平、民主、协调、均等为导向的，它追求社会的整体、协调、全面发展。在不同的时代要求下，财政的职能和结构不断发生变化，随着资本主义的兴衰、"二战"的爆发、经济危机的出现这一历史过程中福利经济学、公共选择理论、民主财政理论与实践的发展和完善，公共财政理论的内容体系在不断的丰富和发展。

根据公共财政理论的内容，公共财政的基本特征主要体现在两个方面：一是公共性；二是民主性。在我国财政理论界，学者们对公共财政特征的认识有所差别，如冯俏彬认为，公共财政的特征体现在两方面：一是以满足全体社会成员的公共需要为主；二是公众参与各项财政决定。他认为，公共财政即民主财政，在各项财政决策过程中公众都有权参与并显示自己对公共产品的偏好（冯俏彬，2005）。李元起和王飞（2008）认为，公共财政既是民主化的财政，也是法治化的财政。高培勇（2008）认为，公共财政特征表现在三个方面，即公共性、非营利性和规范性。贾康（2008）则在研究中强调了公共财政四个方面的基本特征：第一，公共性是其关键内在导向；第二，财政分配的主要目标和工作重心是满足社会公共需要，其基本方式是为社会提供优质的公共服务；第三，以规范的公共选择机制作为决策机制，该机制以政治权力制衡和公民权利平等为前提；第四，以现代意义、追求绩效、严格执行的预算作为基本管理制度，该制度具备完整性、透明度、公开性。对于公共财政特征的讨论，尽管学者们的观点存在差异，但基本上都是围绕公共性和民主性两大本质特征进行的拓展和延伸。

（4）公共财政理论对优化我国财政转移支付制度的启示。财政被称为"庶政之母"，是政府存在和运作的物质基础，财政收支活动的安排蕴含了政府的执政理念，既涉及国计，也关系民生，是国家政治与民众生活相连接的桥梁。财政体制反映了中央与地方之间、部门之间、地区之间以及国家与公众之间的经济关系，也规定着政府的职能范围和行为方式。健全而完善的财政体制有利于政府加强宏观调控，促进资源优化配置，增进社会福利，规范经济秩序，维护社会公正，能够保障政府充分发挥其职能，进行社会管理和经济调节，促进社会和谐，这正体现了公共财政理论的核心思想。因此，政府间财政转移支付制度作为国家财政体制的重要组成部分，在对其进行改革和优化的过程中应注重以下几点：第一，以法制化为基础和依托，保持改革进程的稳健性。法治化是公共财政体制运行的基础，因此，法制化、规范化也是财政转移支付制度的重要基础，财政转移支付的目标、原则、形式以及各级政府间的收支权利和责任的认定等都应在法律层面上加以规范，减少运作过程的随意性。同时，改革的过程不是一蹴而就的，应循序渐进，财政转移支付制度影响因素复杂、涉及面广，关系到国家、地方和公众各方利益，应保证其连续性和稳定性，维护社会安定。第二，以公平性为原则促进社会和谐、稳定。全体公民在相对水平下公平、平等地享有生存和发展的权利，是整个社会和谐、稳定发展的前提。当社会中不公平因素增加，超出了社会可承受限度，便会危及政治安全和社会稳定。在市场经济发展背景下，地区间资源禀赋、经济发展水平不同等原因使得我国各地政府在财力上存在很大差距，导致地区间公共产品和服务供给水平贫富不均。政府间财政转移支付目标之一是调节地区间财力失衡，促进基本公共服务均等化。若现行财政转移支付制度不能有效地调节地区间差异和不均，便会影响政策的权威性，不利于社会和谐发展。因此，我国财政转移支付制度的优化，应增强其均等性效果，通过政府间财政资源的调节，有效地优化整体资源配置，提高经济落后地区的财政能力和基本公共产品的供给能力，以保证全体社会成员都能够享受到最低水平的公共服务，促进社会公平，最终实现社会和谐、稳定发展。第三，以基本公共服务均等化为落脚点，致力于公共服务领域。从前述相关理论可知，政府发挥作用、履行职能的领域应是市场作用失效的领域，客观上要求政府满足社会需求，供给公共产品，其活动领域主要在于公共服务，而非竞争性领域，其一切财政运作和管理活动都是非营利性质的。随着改革开放后市场化的推进，我国也启动了财政公共化改革，在借鉴西方国家分级分税财政体制尤其是政府间财政转移支付方面的经验实行财政改革的过程中，公共服务均等化的基本理念被引入并逐渐被理论界和决策层广泛接受，但是当前我国公共服务供给仍然存在许多问题，不仅总体上供给水平远低于国外发达国家，而且在地区之间供给水平也存在很大差距。在地方政府的公共财政支出中，公共服务性支出所占比例较低，制约了社会的全面发展。因此，我国财政转移支付制度的优化应致力于提高地方政府公共服务的供给水平，这是当前我国推动新型城镇化建设实现战略转型、全面提高城镇化发展质量的关键环节。

2.2.5.3 新公共服务理论

20世纪80年代以来，新公共管理改革在西方发达国家得以盛行并取得巨大成功，随着世界范围内政治民主化和经济全球化的发展，新公共管理理论受到了来自各方的批判，其中较为突出的是以登哈特夫妇（Denhardt R. B. and Denhardt J. V.）为代表的研究，通过对新公共管理理论进行理性批判与反思，形成了新公共服务理论。

（1）新公共服务理论的价值取向和基本原则。从价值取向来看，公共行政应当追求公共利益、服务于民、重视人的价值和公民权，其终极价值目标是："促进公共服务的尊严和价值，将民主、公民权和公共利益的价值观重新肯定为公共行政的卓越价值观"（登哈特著，丁煌译，2004）。但新公共服务理论的价值取向并不是单一的，登哈特夫妇认为，在民主社会的治理制度中，民主价值观非常重要，但这并非意味着要排除效率、生产力等其他价值观，在一个更加广泛的框架体系中，其他价值观同样具有存在的意义（Denhardt R. B. & Denhardt J. V.，2000）。

以上述价值取向为核心，新公共服务理论在思想内容上构建了一个重视民主和公民权，推崇公共服务精神，追求公共利益，重视政府与公民对话沟通、协商共治的理论框架，并提出了新公共服务的基本原则。第一，政府的职能是服务。在许多领域的公共政策制定和公共事务管理中，政府是一个参与者，其职责重点既不是划桨也不是掌舵，而是为公民提供服务。第二，实现公共利益是政府的主要目标。新公共服务理论认为，努力推动树立集体公共利益观对政府人员来说是必需的，从而创造一个政府与公民之间的利益和责任共享、共担机制。第三，战略的思考，民主的行动。新公共服务理论认为，政府制定政策或项目之后，应当建立相应的制度和责任机制，在实施的过程中政府不是独立的执行者，应当联合其他组织和党派，并为公民创造机会，刺激公民参与项目实施，确保各方参与者朝着希望的目标方向共同努力。第四，为公民提供公共服务而不是为顾客服务。新公共服务理论认为，政府与公民的关系不同于企业家与顾客的关系，政府与公民之间应建立一种信任和协作的关系，政府必须关注来自不同层面的公民的声音，对居民的利益和需求作出反应，而不是对"顾客"的需求作出反应，政府与公民间应建立对话与合作，鼓励公民参与社区活动、行使公民责任。第五，政府责任不是简单、单一的。政府责任是复杂的问题，新公共服务倡导者认为，在当今现实的公共服务实践中，受到复杂的宪法法律、公共利益、制度规范、专业标准、制度和社会价值标准等诸多因素的影响，公共行政人员既要关注市场，还应关注宪法和法律、制度规范、社会价值观和公共利益等。同时，基于对政府责任复杂性和现实性的认识，他们认为，当公共行政人员因为规范的交互性和冲突性而面临复杂的价值冲突时，应基于广泛的公民基础，通过一系列的对话、沟通和参与来制定决策、解决问题。第六，重视人，而不只是效率和生产力。尊重、归属感、关心他人、公民意识等要素影响着人类的行为，因此，新公共服务理论将人置于核心地位，强调"通过人来管理"公共部门。新公共服务提倡者认为，以生产力体系改善为导向的管理体系忽视了集体中个体的利益和价值观，难以培养公民或组织成员的参与意识和责任感。第七，重视公民权和公共服务胜过企业家精神。新公共服务倡导者认为，新公共管理将公民当作"生产力和消费者，忽略了公民的社会主体意识"，政府应当是为公民所拥有的，公共项目和资源属于公民自己，公民在公共治理中拥有权利和责任，公共行政人员不是商人或"企业家"，商人关注效率和利润，而公共行政人员在政府公共治理过程中是参与者和责任承担者，不仅分享权力，还应与公民共同努力解决问题，其职责是为公民提供公共服务。

（2）新公共服务理论对政府间财政转移支付制度优化的启示。结合我国国情和发展实际，在当前我国推进新型城镇化建设、全面重视城镇化质量发展的背景下，政府行政理念、行为倾向、运作模式等尚有许多需要调整、改进的地方。

首先，从核心价值观念来看。新公共服务理论强调人的价值应当受到充分的尊重，政府间转移支付制度作为政府行政的重要手段，是政府向公众提供公共服务的一种财政工具，因此，政府间财政转移支付制度机制的设计需要始终坚持以人为本的核心价值观，其管理系统绩效和效率的提高也是为满足人的需要、体现人的价值而服务的。其次，从目标定位来看。新公共服务理论坚持公正、公平的价值观，认为政府的目标应在于追求公共利益，作为政府提供公共服务的财政工具，政府间财政转移支付制度设计应以实现并维护公共利益为目的，其核心目标在于实现基本公共服务均等化，确保全体公民公平、公正地享有最基本的公共服务资源。最后，从政府角色和职能重心来看。在新公共服务理论倡导者看来，政府的角色不是社会掌舵者，而是为实现公民共享的利益提供服务，过度地掌舵或控制会使制度的设计和运行偏离正确的方向。在我国推动新型城镇化建设的新时期，政府应立足于公共服务领域，以满足社会需求，为居民提供公共服务为工作重心，因此，政府间财政转移支付制度的设计应逐步消除地区间财力差距，促进区域平衡发展，致力于实现全域范围的基本公共服务均等化。同时财政转移支付制度的设计也应避免上级政府对下级政府财政的过度管控，应在有效的监督下赋予地方政府充分的财政自主权，使财政转移支付制度从更广泛的角度发挥作用，提供公共服务。

第 3 章

财政转移支付影响新型城镇化
质量的作用机制

城镇化是人类社会发展到特定历史时期必然经历的一个过程，在这一进程中，城镇化质量受多种因素的影响。从表面来看，政府间财政转移支付与城镇化两者似乎是两个独立的范畴，但从更广泛的角度深入研究可以发现，它们之间存在着重要的联系。从经济发展和社会进步两个维度来看，城镇化过程中经济结构调整、产业结构升级、经济实力提高、人口素质发展、社会文化进步以及人民生活改善等各要素都是衡量城镇化质量的重要方面，而政府间财政转移支付的目标也是要通过这种财政政策工具来促进地区经济平衡发展，为人们提供必要的公共服务，提高人民生活质量和水平，实现社会全面发展，两者之间存在着交集，从根本上讲，政府间财政转移支付对城镇化发展具有重要的推动作用，可以为地方政府推动城镇化质量的提高提供必要的物质条件和资金支持。因此，本章的重点便是具体分析政府间财政转移支付影响城镇化质量发展的作用机制。

3.1 新型城镇化进程中地方政府角色和公共财政

3.1.1 地方政府角色

城镇化是一项涉及面广、结构复杂的系统工程，在城镇化建设进程中地方政府扮演着多重角色，发挥着非常重要的作用。地方政府需要顺应发展趋势，协调好各角色之间的关系。

　　首先，地方政府是本地区城镇化建设的规划者。地方政府不仅要对本地区城镇化建设进行战略性规划，把握发展方向和路径，确保本地城镇化建设朝着正确的方向发展，还要参与具体的规划工作，为城镇化建设提供具体的规范和指导。地方政府在进行本地城镇化建设规划过程中，需要综合分析和判断各方面因素，综合考虑本地城镇化发展现状、条件和特点，尊重城镇化发展的客观规律和阶段性特征，以人民公共利益为出发点，制定切合本地实际和发展需要的目标，并明确城镇化发展的路径和模式。在确定城镇化发展路径时，地方政府应因地制宜，结合实际，努力探寻适合本地特点的城镇化发展道路，决不能照搬其他地区已有的发展模式。同时，地方政府进行规划工作时也要协调好区域之间、部门之间等各方面的关系。

　　其次，地方政府是城镇化建设的推动者。城镇化发展具有阶段性特点，每个发展阶段有不同的实际需求，因此，地方政府需要把握好推动的力度和发展节奏，掌握适度的原则，在有限的资源条件下，既不能面临困难和挑战就停滞不前，也不能无视城镇化发展规律和实际需要，过度开发和推进，造成资源浪费。作为城镇化建设的推动者，地方政府的作用体现在制度创新、服务协调、监督管理、资源配置、资金支持等方面。通过制度创新和改革，地方政府可以为城镇化建设创造良好的软环境。作为公共行政机构，地方政府的主要职能是提供公共服务，为城镇化建设各类主体提供必要的服务，协调各方面关系，同时也对城镇化建设各主体负有监督和管理的责任，通过这些职责和功能的发挥使城镇化建设的各方面工作保持良好的秩序，创造和谐的社会环境，保障城镇化建设有序推进和健康发展。地方政府利用本地现有资源禀赋，平衡各方利益，合理配置资源，可以提高城镇化建设的经济和社会效益。城镇化建设是一个渐进的过程，投入大、综合成效慢，需要大量而持续的资金支持，地方政府通过不断完善投融资体制，可以为城镇化建设提供有力的物质保障，保持城镇化建设的连续性。

3.1.2　城镇化建设与公共财政

　　作为新型城镇化建设的规划者和推动者，地方政府职能的充分发挥离不开有力的财政支持，财政政策的变化对城镇化发展具有巨大的导向作用，影响着城镇发展规划的制定与实施、产业结构的调整和布局、生产要素的聚合与流动以及资源的优化合理配置，地方政府的财政能力是新型城镇化建设持续推进的物质源泉，城镇化建设中基础设施的提供、能源交通科教文卫等社会公共事业的运行与管理都需要地方政府具备强大的财力作为后盾。

地方政府财政资金主要来源于两个方面：一方面，来自中央政府的财政补助；另一方面，来自本地税收等财政收入。从财政需求的角度来看，我国城镇化建设的资金需求主要体现在两大领域：一是道路、交通、通信、水电等基础设施建设领域；二是教育、医疗卫生、社会保障、环境保护、保障性住房等公共服务领域。目前，我国城镇化建设仍存在巨大的资金需求，如农民工市民化，据有关资料估算，2011 年，我国农民工数量为15863 万人，农民工市民化的总成本达到 18091.58 亿元，预计若在 2020 年完成任务，各级政府将每年新增财政支出 2261.45 亿元[①]。从我国城镇化发展状况来看，随着改革开放以来城镇化的快速推进，社会经济结构、生产方式以及人民的生活、就业、消费、居住等都发生了很大的变化。在这一转变过程中，我国城镇化存在的问题日益凸显：人口城镇化速度过快，"半城镇化"现象普遍存在，进城农民工和被就地城镇化的农民无法享受与市民同等的福利和保障；"土地城镇化"问题严重，大规模"造城运动"使城市在空间上快速扩张，造成农业用地大量流失，土地资源严重浪费，地方政府尤其是县级政府对土地财政过分依赖，农地征用过程中也屡屡出现农民合法权益被侵害的现象；资金和资源大规模向城市聚集，根据国家统计局官方网站公布数据显示，1981 年以来，我国城乡固定资产投资比例差距较大，固定资产投资大规模向城镇倾斜，农村则较为落后，2015 年，固定资产投资完成额城镇为 551590 亿元，而农村只有 10409.8 亿元，农村固定资产投资占全社会固定资产投资的比重仅为 1.85%。城镇化过程中巨大的资金需求和一系列矛盾、问题的解决都需要地方政府拥有强大的财力资源作为有力的后盾。地方政府财政资金的投入不仅能够直接提高本地的基础设施和公共服务水平，其投资使用方向也能够引导市场资金和资源向着利于城镇化健康发展的领域进行配置。从地方政府财力供给水平来看，由

---

① 农民工市民化总成本超 1.8 万亿［N］. 经济参考报，2013.03.04. http：//dz. jjckb. cn/www/pa-ges/webpage2009/html/2013 - 03/04/content_71985. htm? div = - 1.

于经济发展、资源禀赋等原因，导致各区域地方政府间财力不平衡，东西部地区地方政府间财力水平存在很大差距，中西部内陆地区尤其是县域基层政府财力非常薄弱，尽管有些地方政府通过投融资机制创新、渠道拓宽，能够一定程度上引导社会资金的介入，但相对于当前新型城镇化建设规模的扩大和巨大的资金需求来说，城镇发展的软环境承载能力和公共服务体系建设明显较为滞后。有些省市通过以奖代补的形式对小城镇发展提供资金支持，但对于本就存在财政困难的县市来说由于缺乏项目配套资金，也难以解决财政资金短缺的问题，一些亟须发展的项目难以落实，城镇化发展受到严重限制。因而，在巨大的刚性需求下，地方政府对于基础设施和公共服务投入财力不足将制约城镇化质量的全面提升，严重影响新型城镇化的科学持续发展。

3.2　城镇化进程中财政分权、财政转移支付与地方政府支出行为

3.2.1　财政分权与地方政府支出行为

在中国城镇化建设和地区经济迅速发展的进程中，地方政府居于重要地位，加大基础设施投入、吸引外资，直接促进了地方经济发展。从这一角度看，对于地方政府参与经济活动的行为，早期理论大多认为财政分权能够提高地方政府公共产品的供给效率，如蒂布特（1956）认为，地方政府能够获得更准确的信息，居民"用脚投票"的机制使得地方政府提供优质的公共产品；奥茨（1985）认为，财政分权激励地方政府加大基础设施投入，从而直接促进了各地经济增长。但也有学者认为在发展中国家，出于自利的动机，地方政府并不以公共福利为目标（Garzarelli，2004）。因而，一段时期内，同一地区土地、资金和人才等资源相对有限，各地方政府往往从自身发展出发，相互竞争，以便获取更多资源，在城镇化发展中占据领先优势。

自20世纪80年代起，我国的经济分权正式开始，财政体制改革从早

期的"分灶吃饭"到后来的划分税种，财政权限也逐渐由中央向地方政府实行分权。在分权体制下，拥有更多自由裁量权的地方政府出于自身发展偏好，在经济目标激励下争相发展经济，拥有极大的热情调动所有有利资源促进本地城镇发展和经济建设，如通过加大投入基础设施、改善投资环境、吸引外资等来增强本地区的竞争力。

若以经济增长来衡量，中国自实施分权制度改革以来，地方政府的主动性和积极性得到极大调动，市场经济迅速发展，国家 GDP 总量持续增长，被誉为"增长的奇迹"。然而，有偏的激励必然导致发展结果的偏差，从城镇建设角度来看，财政分权体制下的经济激励使得地方政府在城镇化建设中重生产性投入、轻公共服务投入。由于公共服务投入的经济发展效应实现周期长，边际回报较小，效益难以体现，因而，具有财政支出调控权的地方政府便有更强的激励增加生产性基础设施投入，以吸引外来投资，发展本地经济。尽管近年来国家对公共服务领域发展日益重视，但政府对于教育、医疗等公共服务项目的支出却依然偏低，如教育，根据历年《中国财政年鉴》和国家统计局公布的统计数据计算，分税制改革以来，虽然教育支出绝对额在逐年增加，但与财政支出总体规模和国内经济增长相比，教育支出占财政支出比重在 1995～2000 年出现下降趋势，2001～2012 年虽有所增长，但增长幅度不大，最高比例也仅占财政支出总额的 16.87%，2013～2016 年又有所下降，2016 年全国教育支出占财政支出的比重仅为 14.94%；教育支出占 GDP 的比重在 1995～2008 年一直维持在 3% 以下水平，最高年份也仅达到 3.93%，2016 年教育支出占 GDP 的比重仅为 3.77%。由此可见，随着我国财政分权制度的实施，国家在经济迅速发展、财政支出规模不断扩大的同时，教育等公共服务水平却并未获得相应的提高。

经济分权、财政分权以及经济增长导向的垂直型政府绩效考核管理体制，易使得地方政府的自身利益得到强化，地方政府行为既有扩展倾向，也受制于上级和中央政府有力的财政和行政管理约束。在一个多级政府框架和独特的制度背景下，地方政府既是相对独立的利益主体，也是中央政府的行政代理人，不得不在自身利益与国家目标之间进行权衡（贾俊雪等，2012）。分权体制下我国地方政府行为逻辑如图 3-1 所示。

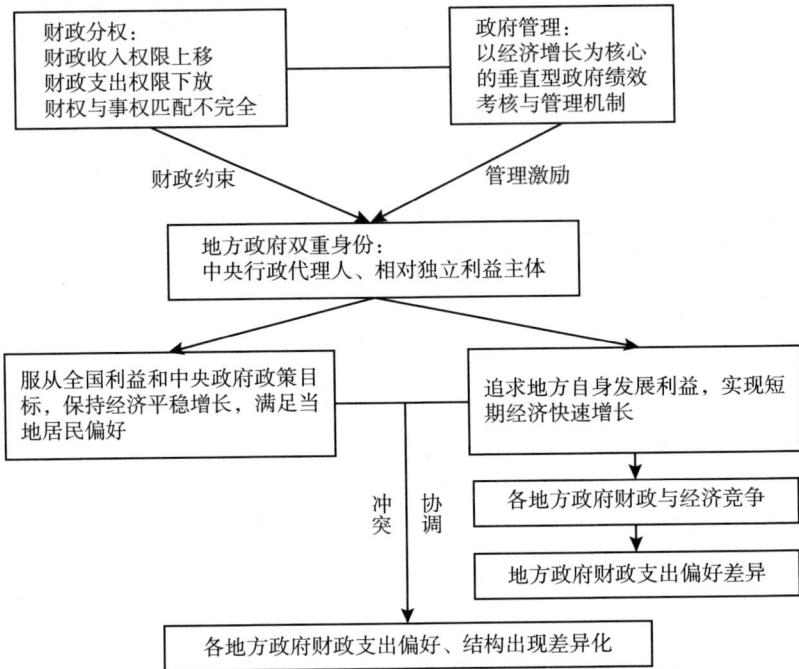

图 3 – 1　中国分权体制下地方政府行为逻辑框架

资料来源：贾俊雪，郭庆旺，赵旭杰. 地方政府支出行为的周期性特征及其制度根源 ［J］. 管理世界，2012（2）：7－18；肖育才. 转移支付与县级基本公共服务均等化研究——以四川省为例 ［D］. 西南财经大学，2014.

3.2.2　财政分权体制下我国财政转移支付与地方政府支出行为的演变

中共十一届三中全会以来，中国城镇化开始加速发展，历年《中国统计年鉴》显示，全国城镇人口 1980～1995 年间由 19.39% 增长到 29.04%，1996 年以来速度明显加快，人口城镇化率逐年稳步增长，国家统计局 2019 年 8 月发布的"新中国成立 70 周年经济社会发展成就系列报告之十七"指出，"新中国成立 70 年来，我国经历了世界历史上规模最大、速度最快的城镇化进程。"，国家统计局发布的《中华人民共和国 2019 年国民经济和社会发展统计公报》显示，截至 2019 年底，全国人口城镇化率已高达 60.60%，中国城镇化建设取得举世瞩目的成就。在推动社会经济巨大发展诸多因素中，财政政策无疑是国家进行宏观调控的重要杠杆，作为财政分权体制的重要产物，科学合理的财政转移支付体系可以有效弥补财政分权体制存在的缺陷，调整中央与地方政府之间的关系，通过财政体制改革强化中央对地方政府财政经济决策的影响，将促使地方政府采取相应策略，转变行为方式，并为地方政府推动新型城镇化建设提供必要的财力支持。中国自实施分税制改革以来，随着城镇化的快速推进和社会经济的迅速增长，"两个比重"①得到大幅度提高，国家拥有充足的财力进行财政转移支付。根据《中国财政年鉴》数据显示，自 1995 年我国《过渡期转移支付办法》实行以来，伴随着国家发展战略的调整，财政转移支付额也随着中央财政收入的增加而不断增长，1995～2019 年，中央对地方税收返还和财政转移支付净额已由 1417.24 亿元增长到74359.86 亿元，年均增幅为 17.9%，特别是 2000 年以来，随着国家扶持东北和中西部内陆地区经济发展政策的实施，财政转移支付额增长速度更加显著。

　　总量上而言，在财政转移支付和地方财政支出都处于增长趋势的情况下，当财政转移支付增长速度大于地方支出，财政转移支付占地方财政支出比重将上升；当财政转移支付增长比例小于地方财政支出增长比例，财政转移支付占地方支出比重将下降。从图 3-2 可以看到，随着城镇化的快速推进，在财政体制改革初期，新的财政转移支付政策刺激下，虽然 1995～1996 年中央对地方财政转移支付额增长幅度并不大，但地方财政支出呈现更大比例的增长，从而这一时期中央财政转移支付占地方财政支出的比重呈现下降趋势，地方政府受到中央政策影响较强；随后财政转移支付经历了两个快速增长阶段，1999 年起，国家对中西部内陆地区实施扶持性经济发展战略，如"西部大开发""振兴东北老工业基地""中部崛起"等，并明确要求加大财政转移支付力度来支持内陆省份的发展，1999～2004 年，随着财政转移支付规模的加大，地方财政支出虽有所增长，但速度稍慢于财政转移支付的增加速度；2002 年，国家实施所得税分享改革后，50%以上的所得税收入划入中央，并将中央财政收入增加部分主要用于对中西部地区的财政转移支付，这体现了中央政府通过财政转移支付影响地区经济发展的政策目的，地方政府越来越依赖中央的财力支持，因而 2004 年以来，中央对地方的财政转移支付呈现更大幅度的增长，同时地方财政支出也相应增加，其增长速度超过了财政转移支付，从而财政转移支付占地方财政支出的比重

---

①　"两个比重"：全国财政收入占 GDP 的比重和中央财政收入占全国财政收入的比重。

呈现一定幅度的下降。以上分析可见，地方政府财政支出行为受到上级财政转移支付的强烈影响，地方财政支出规模随着财政转移支付规模的不断增加也相应增长，其增长速度甚至逐步高于财政转移支付的增长速度。

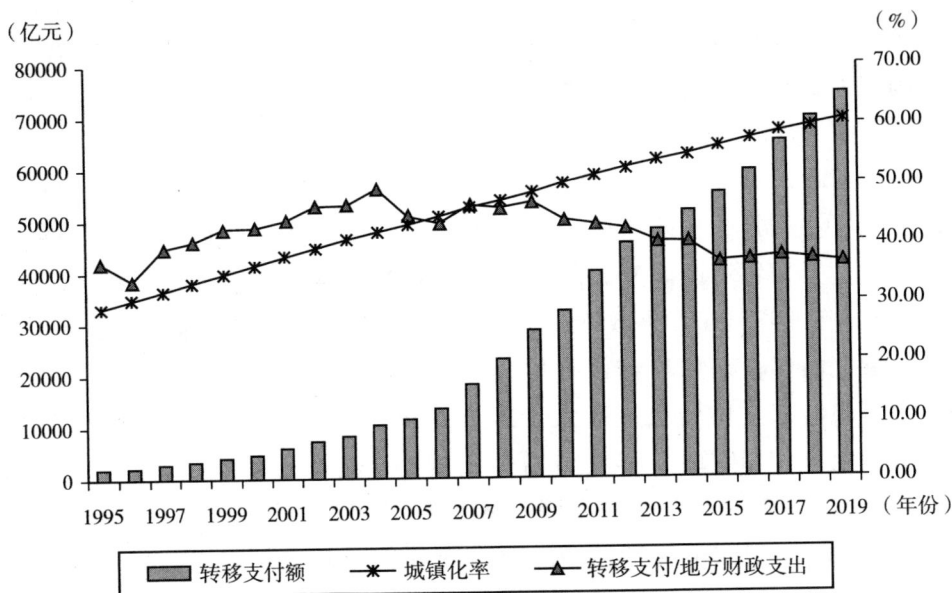

图 3-2　1995~2019 年中国城镇化水平、财政转移支付规模及其占地方财政支出比重

资料来源：根据《中国统计年鉴》（历年）、《中国财政年鉴》（历年）计算所得。

　　我国财政转移支付制度自建立以来，其结构和对各省的补助规模都发生了较大变化。就财政转移支付内部结构而言，目前我国财政转移支付体制中主要有三类：税收返还、专项转移支付和一般性转移支付①。财政分权改革初期，为推动改革的顺利实施，实行了税收返还，从表 3-1 可以看出，1994~1999 年税收返还的比例均在 50% 以上，其中很大部分是对东部发达地区的两税返还，而用于平衡地区间财力差异的一般性转移支付仅占 10% 左右。1999 年以来，国家开始调整发展战略，大力支持内陆地区的经济发展，税收返还比例有所下降，但 2000~2004 年所占比重仍高达 40% 左右，可见我国分税制改革早期，地方政府获得财政转移支付很大程度上依据其名义上对中央的贡献。随着"西部大开发"等一系列经济战略的实施，

———————
①　2009 年由原来的"财力性转移支付"改为"一般性转移支付"。

财政转移支付结构进一步调整，2005 年以来，税收返还的比例开始大幅度减少，同时相应增加一般性转移支付和专项转移支付比例，2005～2010 年两者比重基本相当，均在 40% 左右。为缩小地区间财力差距，促进区域平衡发展，2011 年起，一般性转移支付比例进一步加大，截至 2018 年，一般性转移支付比重大大超过专项转移支付，达到 55.6%；专项转移支付比例有所减少，占 32.9%；同时税收返还比例也降到了 11.5%，表明国家通过财政转移支付对地方政府的财力调节越来越重视区域发展的均衡性及实现地区间基本公共服务能力的均等化。随着近年来国家对基本公共服务和民生性问题的日益重视，在增加的一般性和专项转移支付资金中，其中大部分用于促进地方政府发展民生性项目，2009 年以来，转移支付中用于民生性项目的资金比重一直处于上升趋势，而用于经济性项目的资金比重 2013 年开始有所下降，如表 3-2 所示。

表 3-1　　　　　　　　1994～2018 年中央对地方财政转移支付结构及比重

年份	中央对地方净转移支付总额① （亿元）	税收返还		一般性转移支付		专项转移支付	
		额度 （亿元）	比重 （%）	额度 （亿元）	比重 （%）	额度 （亿元）	比重 （%）
1994	1341.2	844.2	62.9	136.0	10.1	361.0	26.9
1995	1417.2	851.2	60.1	191.0	13.5	375.0	26.5
1996	1574.1	926.1	58.8	159.0	10.1	489.0	31.1
1997	2252.9	1543.9	68.5	193.0	8.6	516.0	22.9
1998	2724.4	1626.4	59.7	209.0	7.7	889.0	32.6
1999	3488.5	1746.5	50.1	382.0	11.0	1360.0	39.0
2000	4066.2	1748.2	43.0	670.0	16.5	1648.0	40.5
2001	5411.0	1959.0	36.2	1215.0	22.5	2237.0	41.3
2002	6713.8	2698.8	40.2	1580.0	23.5	2435.0	36.3
2003	7642.9	3353.9	43.9	1864.0	24.4	2425.0	31.7
2004	9800.8	3772.8	38.5	2605.0	26.6	3423.0	34.9
2005	10772.1	3441.1	31.9	3814.0	35.4	3517.0	32.6
2006	12714.2	3571.2	28.5	4732.0	37.2	4411.0	34.7
2007	17275.1	3251.1	18.8	7125.0	41.2	6899.0	39.9
2008	22044.4	3335.8	15.1	8746.2	39.7	9962.4	45.2

① 净转移支付额 = 中央对地方税收返还和转移支付额 - 地方上解中央支出。

年份	中央对地方净转移支付总额①（亿元）	税收返还		一般性转移支付		专项转移支付	
		额度（亿元）	比重（%）	额度（亿元）	比重（%）	额度（亿元）	比重（%）
2009	28563.8	4886.7	17.1	11317.2	39.6	12359.9	43.3
2010	32341.1	4993.4	15.4	13235.7	40.9	14112.1	43.6
2011	39921.2	5039.9	12.6	18311.3	45.9	16570.0	41.5
2012	45361.7	5128.0	11.3	21429.5	47.2	18804.1	41.5
2013	48019.9	5046.7	10.5	24362.7	50.7	18610.5	38.8
2014	51591.0	5081.6	9.8	27568.4	53.4	18941.1	36.7
2015	55097.5	5018.9	9.1	28455.0	51.6	21623.6	39.2
2016	59400.7	6826.8	11.5	31864.9	53.6	20708.9	34.9
2017	65051.8	8022.8	12.3	135145.6	54.0	21883.4	33.6
2018	69680.7	8031.5	11.5	38722.1	55.6	22927.1	32.9

资料来源：1994~2007年数据来源于《政府间财政转移支付制度》（马海涛，2010）；2008~2018年数据来源于财政部公布《中央对地方税收返还和转移支付决算表》（历年）。

表3－2　　　　　2009~2015年中央对地方民生性和经济性转移支付情况

年份	净转移支付总额（亿元）	民生性转移支付②		经济性转移支付③	
		额度（亿元）	比重（%）	额度（亿元）	比重（%）
2009	28563.8	5709.9	20.0	5576.3	19.5
2010	32341.1	6827.8	21.1	5915.8	18.3
2011	39921.2	8478.4	21.2	8613.7	21.6
2012	45361.7	10204.2	22.5	9681.3	21.3
2013	48019.9	11638.4	24.2	9906.3	20.6
2014	51591.0	12445.8	24.1	10224.0	19.8
2015	55097.5	13546.9	24.6	10688.6	19.4

资料来源：中国财政部《中央对地方税收返还和转移支付决算表》（2009~2015年）。

随着转移支付总量的增长和结构的调整，历年来各省获得财政转移支付补助规模也发生了较大变化。从表3－3可以看出，经过排序，2018年与

---

① 净转移支付额＝中央对地方税收返还和转移支付额－地方上解中央支出。
② 民生性转移支付包括：义务教育等转移支付、基本养老金和低保等转移支付、城乡居民医疗保险等转移支付、教育、科学技术、文化体育与传媒、社会保障和就业、医疗卫生等。
③ 经济性转移支付包括：农林水事务、交通运输、资源勘探电力信息事务、商业服务业事务、金融监管事务、粮油物资储备等。

1995 年相比，各省人均财政转移支付规模都实现了大幅度增长，其排序除西藏之外均发生了较大变化。其中有 19 个省排序相对上升，除海南、河北之外，其他都位于中西部或东北地区，有 11 个省市排序相对下降，除辽宁、云南、山西之外，其余均地处东部地区，且下降幅度较大。

表 3-3　　　　1995~2018 年中国各省份人均财政转移支付相对变化

	上升			下降	
西部	贵州	+18	东部	上海	-24
西部	广西	+12	东部	天津	-20
中部	安徽	+11	东部	北京	-19
西部	甘肃	+11	东部	广东	-18
东部	海南	+11	东部	浙江	-18
西部	陕西	+11	东部	江苏	-13
中部	江西	+11	东部	福建	-10
中部	湖南	+9	东北	辽宁	-9
中部	河南	+8	东部	山东	-5
西部	四川	+6	西部	云南	-4
西部	宁夏	+5	中部	山西	-1
西部	新疆	+5			
西部	内蒙古	+5			
中部	湖北	+4			
东北	黑龙江	+4			
东北	吉林	+4			
西部	青海	+3			
东部	河北	+1			
西部	西藏	+1			

资料来源：根据《中国财政年鉴》（1996、2019）计算。重庆市于 1997 年正式设立为直辖市，故此处不包含。

　　转移支付使得地方政府财政收入增加，为地方政府增加公共服务供给提供了财力支持，从而也会改变地方政府的财政支出结构。贾俊雪和郭庆旺（2008）将政府支出划分为社会性支出、经济性支出和维持性支出，根据这一思路，本书分别用民生性支出①、生产性支出②和一般公共服务支出占本地

---
①　民生性支出包括：教育、科学技术、医疗卫生、文化体育与广播传媒、社会保障和就业支出。
②　生产性支出包括：农林水、交通运输、资源勘探电力信息等支出。

公共财政支出的比重来反映地方政府三个方面的支出情况。图3-3呈现了我国东部、中部、西部三大地区①地方政府三方面支出与财政转移支付的关系。从图3-3中a）来看，2009年以来，随着财政转移支付的增加，全国各省份民生性支出所占比重呈现明显的增长趋势，中部和西部地区虽然整体增长趋势显著，但多数省份民生性支出比重仍然较低。表明近年来国家大力促进中西部内陆地区经济发展，加强财政扶持力度，在促进区域经济增长的同时，一定程度上也促进了地区民生性公共服务供给的增加，但多数内陆省份民生性公共服务供给不足的问题并未得到有效改善。图3-3中b）图显示，随着财政转移支付额度的增加，生产性支出比重在东部地区增长趋势较为明显，中部地区没有明显变化，西部地区呈下降趋势，但生产性支出比重较高的省份大多位于西部和中部地区，较低的省份大多位于东部地区，这表明中西部地区较东部省份更加注重直接促进本地经济发展的基础设施等生产性财政支出。从图3-3中c）来看，在一般公共服务和财政转移支付的关系中，中部、西部地区呈稍平坦的负向关系，东部地区则呈明显的正向关系。

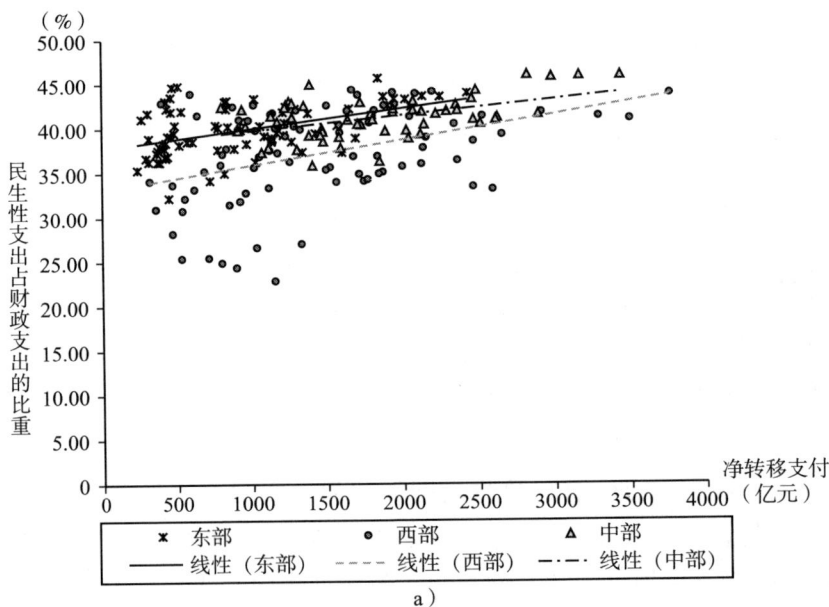

a）

---

① 东部地区包括：北京、天津、河北、辽宁、上海、江苏、浙江、福建、山东、广东、海南；中部地区包括：山西、吉林、黑龙江、安徽、江西、河南、湖北、湖南；西部地区包括：内蒙古、广西、重庆、四川、贵州、云南、西藏、陕西、甘肃、青海、宁夏、新疆。

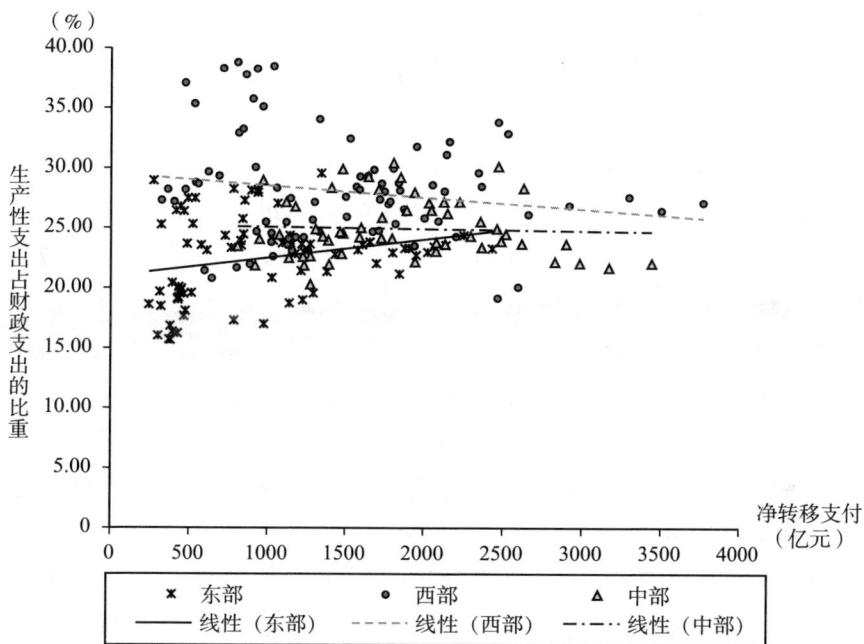

b)

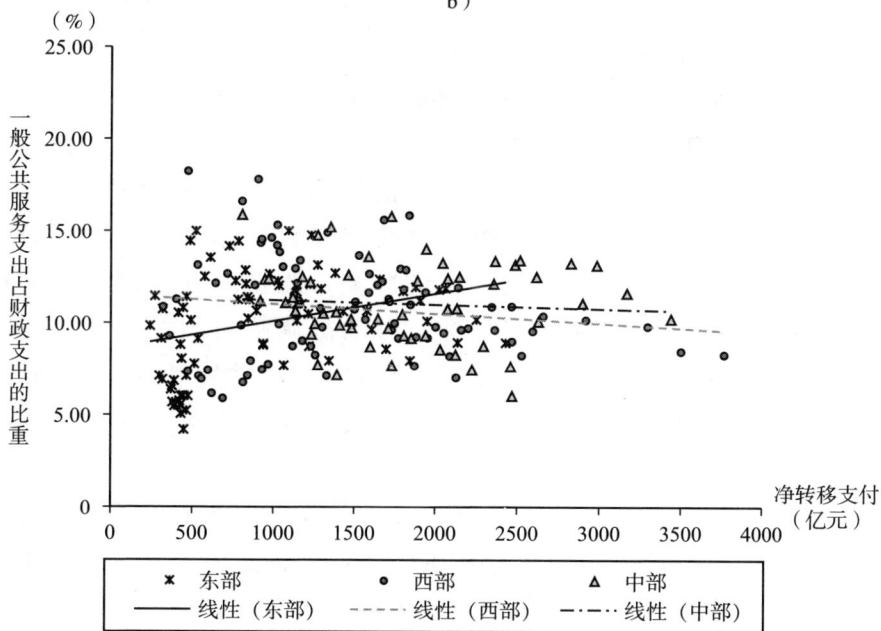

c)

图 3-3 地方政府民生性支出、生产性支出、一般公共服务支出占财政支出比重
资料来源:《中国财政年鉴》(2010~2016 年)。

3.2.3 财政转移支付、财政激励与新型城镇化质量提升

阿瑟·刘易斯在其《经济增长理论》中曾认为,若没有高瞻远瞩的政府的积极推动,任何一个国家都无法取得经济的进步,但政府干预经济生活过多或过少也可能会导致不良的后果。尽管在现实中很难找到最佳的政府规模,但理论上来讲,瓦格纳定律总是成立的,随着经济的发展,社会公共财政支出需求会增加。在开放、自由的市场经济里,中央政府干预和调控市场经济、弥补"市场失灵"最主要的方式是财政和税收政策。财政分权理论认为,分权会促使地方政府为吸引生产要素流入加强竞争,更加有效地提供公共服务,提高市场经济效率,因而从理论上讲,分权是有效促进地方政府增加公共服务供给、发展区域经济的必经之路。我国作为一个人口和疆域大国,在多层级政府管理体制下实行经济和财政分权,通过有效激励,放手让各地发展本地经济,可以实现中央与地方政府的激励兼容(王永钦等,2007),提高政府的运行效率,促进经济增长,但同时也会带来诸多负面的结果,比如,扩大城乡间、地区间的收入差距,过度强调经济增长导致民生性公共物品投资不足等一系列结构性矛盾。对于这种非平等、非均衡的结果,政府间转移支付作为财政分权体制的重要组成部分,在一定程度上可以消除分权的缺陷,提供机会平等,使落后地区拥有参与竞争的基本能力。通过财政转移支付制度,中央政府进行宏观调控时可以强化对地方政府决策的影响,激励地方政府经济和社会发展决策达到中央政府宏观预期目标;可以协调政府间关系,调节地方政府财政能力,促进政府间纵向和横向财政平衡,缩小因财力差异引起的地区间基本公共服务供给差距,同时解决"收益外溢"性公共物品供给不足的问题。

在城镇化进程中,基于地方政府对各类财政支出方向的不同偏好,城镇的经济水平、社会公共事业、自然生态环境等各方面发展都会受到不同程度的影响,进而影响到城镇化质量的全面进步。财政转移支付对地方政府支出行为既有直接影响,也有间接影响。从直接影响方面来看,中央转移支付总量的多少、结构的设置以及均等化程度都影响着地方政府财政支出安排的方向、结构和力度。一方面,合理规模和结构的财政转移支付不

仅在一定程度上能够提高落后地区政府的财力水平，促进公共服务供给，保障居民在"以脚投票"机制失效的情况下可以享有基本的公共服务，而且通过合理的成本分担机制，中央以适度比例分担地方政府提供具有收益外溢性公共产品的成本，可以激励和引导地方政府按照国家政策目标安排财政支出，促使地方政府在追求自身经济利益的同时兼顾全国和社会发展目标，从而有效提高公共物品的供给水平，促进地方经济和社会公共事业的共同发展。另一方面，中央政府通过财政转移支付激励地方政府增加供给品供给时，也可能会由于地方政府特殊的制度结构、财政幻想、不确定性以及中央政府对财政转移支付资金使用的规定等原因，使得地方政府资金盯住在特定的支出项目上，即产生所谓的"粘蝇纸效应"，使得特定方向的公共物品供给持续扩大（Gramlich，1969、1977；Inman，2008；Bailey and Connolly，1995），特别是当地方政府公共服务供给过分依赖上级补助时，由于对上级财政转移支付难以获得确定的信息而将财政转移支付全部用于公共物品，在提供公共物品时又难以合理把握其成本分摊和收益分享之间的关系，财政转移支付的价格效应使得当地居民产生一种"财政幻觉"（Logan，1986；Courant et al.，1991；李永友、沈玉平，2009），从而错误地估计公共服务供给产生的成本和收益，出现过度需求，导致其实际上的供给量大于理论预测（Dollery and Worthington，1995），从而最终使得公共服务供给方向和结构失衡，有损整体经济和社会效益。从间接影响来看，主要体现在财政转移支付影响地方政府的财政努力和财政收入能力。当中央政府实施财政转移支付时，下级政府往往会将来自上级的财政资金替代本地收入，从而减少征税努力，导致在公共财政支出上过度依赖上级政府的财政转移支付，而忽视自身财政收入能力的提高，进而受制于有限的财力资源，难以合理规划和安排各项财政支出，满足经济和社会发展的实际需求。英曼（1988）认为，如果上级对下级政府拨付的有条件财政补助规模过大，会使地方对中央产生过多依赖，从而降低财政努力。埃格（Egger，2010）则发现，均等化财政转移支付会对地方政府的征税努力产生激励作用。财政努力决定着地方政府的财政收入水平，进而影响着地方政府的财政支出能力和结构安排，影响公共服务的有效供给。因而，中央政府在进行财政转移支付制度设计时应尽量避免负面影响，发挥其积极效应，既要关注整体经济和社会发展目标，也要考虑地方政府的反馈，在推动实现社会公平和均等化目标的同时，充分发挥其激励和引导作用，兼顾公平和激励，注重财政转移支付的长期影响，增加社会整体效益。

我国自20世纪80年代初逐步实施经济和财政分权改革以来，地方政府承担了大量的事权和支出责任，是为地方提供公共服务的主体。在多层级政府管理与财政分权的双重体制下，一方面，地方政府要接受上级政府的问责与考核；另一方面，财权与事权的下放，使地方政府拥有更大的自主权安排社会事务、发展本地经济。因而，随着改革开放以来城镇化的快速发展，在我国现行行政考核机制下，地方政府会依据现实约束条件按照自身政策偏好来安排财政投资结构和规模。从地方政府的支出偏好来看，在国家偏重于城市经济发展的战略下，地方政府为了吸引外资发展本地经济，财政资金大多用于投资基础设施建设，甚至为了追求经济绩效大量挤占公共资源，而忽略教育、医疗卫生、社会保障等民生性基本公共服务领域的发展。从地区间财力水平来看，由于初始禀赋和资源条件不同，我国地区间经济发展水平存在差异，改革开放后，国家"先富与后富"方针政策支持沿海地区先富起来，优先的政策条件使得东部沿海地区经济发展非常迅速，而中西部内陆地区发展极为缓慢，加上优先发展重工业和城市经济的政策，我国东中西部地区间、城乡之间经济发展差距非常大，使得地区间财政能力不平衡，落后地区地方政府特别是县级政府面临着巨大的财政压力，导致公共服务供给在不同地区之间、城乡之间出现严重的不均衡。在此情形之下，我国要推动经济和社会公共服务领域的全面发展，实现地区、城乡之间以及经济、社会与环境之间多层次多领域协调发展的目标，推动新型城镇化质量全面提升，必须建立均等化的财政转移支付体系。尽管自1995年我国财政转移支付体系建立以来，中央对地方的财政转移支付规模逐年增加，特别是1999年"西部大开发"等内陆经济发展战略实施以来增长幅度更大，但根据国内学者研究的结果，普遍认为，我国财政转移支付结构合理性有待提高，资金分配方法不够科学，其均等化效果极其有限。有学者通过对财政转移支付与地方财政支出结构的研究，认为我国上级财政补助没有对下级政府的支出偏好产生积极的影响，其对地方政府支出行为的影响不仅存在"粘蝇纸效应"，扩大了地方政府公共财政支出规模，而且也可能使地方政府财政支出结构倾向于基本建设和行政管理支出，而偏离公共服务均等化目标，这种倾向性在经济落后地区尤其强烈（付文林、沈坤荣, 2012)。而且, 也有学者经过研究认为, 我国地方政府的财政努力在某种程度上受到转移支付的负面影响, 降低了地方政府征税的积极性, 如乔宝云 (2006)、张恒龙 (2007)、付文林 (2010)、李建军 (2012) 等。可见, 我国现行政府间转移支付制度仍存在许多缺陷, 必须不断加以完善, 使其兼顾均衡与激励, 既有良好的财力均衡性效应, 确保各级政府拥有必要的财力, 促进基本公共服务均等化, 也能充分激励和引导地方政府科学、合理地安排财政资金, 有效配置公共资源, 推动经济和公共服务事业的全面进步, 从而促进我国新型城镇化质量的全面发展。

3.3　财政转移支付影响新型城镇化质量的作用体现

城镇化是一个系统发展、动态变化的过程, 在这一过程中, 人口、经济、社会、环境等诸多要素之间的相互联系和动态发展反映了城镇化质量的高低, 政府作为推动城镇化发展的重要角色, 政府的发展决策、财政政策、城市规划与管理等全面影响着城镇化发展的进程。我国中央财政转移支付是国家进行宏观调控、推动地方经济和社会发展的重要财政工具和杠杆, 其对各地城镇化质量发展的影响主要体现在公共服务、经济发展、生态环境三大领域。

3.3.1　支持产业升级, 促进城镇经济发展

改革开放 40 多年来, 我国经济发展取得了举世瞩目的成就, 在经济高速增长的同时, 收入差距也逐渐变大, 中国也从一个最平衡的国家变成了最不平衡的国家之一 (Naughton, 2007), 地区之间、城乡之间差距尤为明显。城镇化质量水平的提高不仅表现在城镇经济的增长, 而且也表现在城乡之间、区域之间发展的协调性。我国 1994 年分税制改革以来, 中央政府的财政收入大幅度提高, 而中央与地方财政事权和支出责任划分不尽合理。随着中央财力的增强, 为缩小地区差距, 1999 年起逐步实行了 "西部大开发" "振兴东北老工业基地" 等发展战略, 大规模投资兴建重点垂直项目,

并增加对中西部省份的财政转移支付规模，促进区域经济平衡发展成为中央财政政策的核心诉求。从经济增长理论的角度来看，随着资本投入产生的边际收益递减，中央政府通过财政补助将资本更加均衡地分配可以提高效率，促进经济增长，因而，财政转移支付与地区经济增长具有正向关系。新经济地理学理论的观点则认为，城镇化的推进形成了规模经济，所产生的集聚效应会提高整体经济产出。从我国改革开放后经济发展空间特点来看，产业和资本布局逐步呈现两种集聚的趋势：一是从农村向城市的集聚；二是从中西部向东部集聚，这种趋势自 20 世纪 90 年代以来更加明显，相关研究文献曾指出我国城市规模和集聚效应仍然偏小，经济密度应进一步向东部大城市集中（Au and Henderson，2006；陆铭、陈钊，2008）。产业集聚固然发挥了规模效应，提高了经济效率，促进了经济增长，但从公平的角度而言，产业集聚过度却不利于区域经济协调。政府间财政转移支付使财政资源从东部向中西部转移，可能会降低集聚的程度，但也有学者研究发现，财政转移支付有利于提高产业集聚水平，而地区间竞争降低了财政转移支付的效率，并认为我国财政转移支付与产业集聚之间存在倒"U"型关系（踪家峰等，2012）。财政分权理论认为，权力的下放能促进地方政府为增加收益而提高效率，从而更加积极地发展本地经济。在财政分权体制下，转移支付的规模应与分权水平相适应，其规模增长过快在一定程度上会抵制地区经济增长（郭庆旺等，2009）。财政转移支付能够提高当地的基础设施水平，并使技术溢出到经济落后地区（Abramowitz，1985），但对经济落后地区财政转移支付规模过大，会使其缺乏发展本地经济的动力和积极性，过多的政府投入也会对私人投资产生"挤出效应"，从而不利于地方经济的发展，从我国财政转移支付对经济增长的效应来看，短期内财政转移支付能够显著促进地方经济增长，中长期内则会对经济增长产生一定程度的负面影响（范子英，2014）。

尽管从不同的理论角度以及相关的实证研究看，关于财政转移支付对地区经济增长的影响存在着一定的争议，但毋庸置疑的是，财政转移支付本身的结构和倾向性都会对地方经济发展产生直接的作用，并且通过影响地方政府支出行为，改变其支出结构，在分工、挤出作用、激励结构等间接作用机制下，财政转移支付也会对地方经济增长产生影响。就目前我国各地发展的现实状况而言，尽管中央对地方财政转移支付的规模和结构都在不断地调整，但地区之间经济发展差距并没有明显缩小，欠发达地区经济水平没有有效提高，这表明我国财政转移支付作用并未得到有效发挥，促进地区经济发展的效果也是有限的。因而，完善我国财政转移支付制度的设计时，在科学合理地明确政府间财政收支责任基础上，应考虑财政转移支付规模的适度性和结构的科学性，形成有效的激励机制，使地方政府优化资源配置，促进当地经济发展，并尽量避免对地方政府支出行为的激励产生扭曲。

3.3.2　以民生为核心完善公共服务，提高城镇基本公共服务水平

文化教育、医疗卫生、社会保障等社会公共事业的发展是衡量新型城镇化质量的重要方面，这些基本公共服务供给的水平和均等性关系到居民的切身利益和平等权益，特别是已经被城镇化的农民工、就地城镇化的新生城镇居民和经济落后地区的居民，他们应当享有平等的社会保障与福利权益。基本公共服务的非竞争性和非排他性特征决定了政府是其供给主体，理论和实践都认为平衡政府间财力是实现基本公共服务均等化的重要途径。布坎南早在 1950 年就提出了"财政剩余"这一概念，认为"在一个公正的社会中，每一个具有平等地位的人都应享有相同的财政剩余，财政政策应有助于实现地区间财政能力的均衡"（Buchanan，1950）。

随着城镇化的快速推进和经济水平的提高，社会公共服务需求量大大增长，我国公共服务领域仍存在着巨大的供需缺口。在现有行政管理和财政分权体制下，地方政府财力更加倾向于投入生产性基础设施，而对教育、医疗等公共服务性产品投入较忽视，教育、社会保障、公共医疗等方面供给缺位，根据《中国统计摘要—2017》公布的数据显示，2016 年，国家教育支出占 GDP 的比重仅达到 3.77%，与发达国家水平仍有很大差距，"看病难，看病贵"现象长期存在。此外，地区间公共服务供给不均问题严重，地区之间和城乡之间存在很大的差距，从人均公共品享有水平而言，西部地区教育和医疗服务水平远低于东部地区，因而，通过中央政府财政转移支付成为解决该问题的主要选择。以地区间财政能力差异为基础，

对于地方政府在基本公共服务供给上存在的缺位，在既定约束条件下利用财政转移支付是中央政府激励地方政府增加公共品供给的最优方式，这也是大多数国家普遍采用的模式（范子英，2014）。此外，在当前新型城镇化发展形势下，目前我国尚有2亿多农业转移人口的教育、养老、医疗、就业等基本公共服务问题亟待解决，需要庞大的财政资金支持，而各地财政负担能力存在差异，只有对财政转移支付制度进一步调整和完善，使地方政府财力与事权匹配，才能推动实现基本公共服务的均等化和全覆盖。

3.3.3 维护生态环境，推动城镇化集约、高效发展

城镇化是一个涉及人口、社会与自然之间动态发展的系统过程，在这一过程中，除了经济的增长、社会的发展之外，资源的高效利用、生态环境的改善和维护也是衡量城镇化质量的重要方面，它体现了城镇化过程中人与自然的和谐程度。城镇化推进的过程也是城市工业和经济加速发展的过程，城镇化率的提高意味着耕地、煤炭、能源等资源的减少，资源的重要性更加突显，也意味着自然生态环境会遭到一定程度的破坏。因此，提高城镇化质量水平必须充分考虑自然资源和生态环境的承载能力。关于城镇化与资源、环境之间的关系，国内外学者从生态学、地理学、经济学等多个角度针对城镇化与土地、森林、水资源、能源、生态环境之间的关系已经进行了广泛的研究和论证，可持续发展的理念也已深入人心。随着生态环境的日益破坏，人们对于城镇化进程中环境问题的解决也进行了许多研究。托曼（Toman，1996）提出，通过借助费用—效益分析权衡利弊的得失以及建立了最低安全标准两种途径来维护自然环境。有学者（Tjallirgii，1998）认为，城镇与自然协调发展是一种责任，决不可把城镇的环境问题和责任留给后代。世界卫生组织提出要利用最少的资源使城市经济更具创新、效率和稳定地发展（王家庭，2010）。20世纪70年代起，一些发达国家就已经开始利用生态最优化原理来设计、改造城市生产和生活系统，以实现最佳的社会、经济与环境效益，如美国、英国、日本、新加坡等在工业布局与生产流程中大量推行生态工艺，实现工业合理布局、资源共享与充分循环利用（王克敏、范长江，1998）。随着我国市场经济体制的建立和

发展，要实现人与自然的和谐共处，在城镇化进程中必须加强生态环境的维护和改善，在追求经济效益的同时，注重城镇化的内涵式发展。国内学者对于城镇化过程生态环境问题的解决也提出了自己的观点，如王金南（1994）认为，应发展环境产业，建立环境经济制度，消除环境的外部性。彭再德等（1995）认为，应对城市进行更新、优化空间结构，开发城市土地资源、更新利用结构。

　　各地城镇化的快速发展在推动城市经济高速增长的同时，也会导致生态环境质量的下降，特别是"粗放型"的城镇化发展模式在很大程度上会使生态环境遭到严重破坏。《全国环境统计公报（2014 年）》统计数据显示，我国 2014 年废水总排放量为 716.2 亿吨，其中化学需氧量排放量为 0.23 亿吨，废水中氨氮排放量约为 0.024 亿吨；全国一般工业固体废物生产量为 32.6 亿吨，工业危险废物生产量为 3633.5 亿吨；全国废气中二氧化硫排放量为 1974.4 万吨，氮氧化物排放量为 2078.0 万吨，烟（粉）尘排放量为 1740.8 万吨。环境污染问题严重威胁着人们的生存条件，当前我国面临最为严重的环境问题是空气污染，根据环境保护部发布的"2015 年全国城市空气质量状况"，根据《环境空气质量标准》（GB 3095—2012），2015 年全国 338 个地级及以上城市空气质量平均达标天数比例为 76.7%，空气质量达标的城市有 73 个，仅占 21.6%，74 个重点环境保护城市中空气质量达标的比例仅占 14.9%。可见，当前我国水、固体废物、空气等环境污染治理问题仍面临着艰巨的任务。

　　环境治理也是一种公共产品，由于存在外部性和环境资源配置的"市场失灵"，因此，要解决环境问题，推动城镇化与生态环境的和谐发展，政府部门肩负着重要的责任，需要政府采取宏观手段加以调控和管理，从而促进两者之间关系的平衡。出于竞争的目的，地方政府为了引进外资发展经济，可能会放松对环境的监管，使公共服务供给和环境保护投入不足，进而导致地方环境质量恶化（Wilson，1999；Rauscher，2005），但上级政府的干预会影响地方政府环境治理的偏好，上级政府越重视越有助于提高地方政府治理环境污染的效果（Wang H. and Di W.，2002）。环境治理投资具有时滞性和区域差异性，环保支出在我国公共财政支出中所占比例不高，环境保护投资途径必须加以优化，为环境保护和治理提供必要的财力保障，有效改善生态环境质量（卢洪友、祁毓，

2013）。当前我国对于环境保护的财政投资相对不足，要提高环境保护能力，必须提高环境财政支出的效率，这是增强环境治理效率、加强环境保护的有效方式（王宝顺、刘京焕，2011）。在实践中，政府财政政策对于环境治理发挥着非常重要的作用，实行财政转移支付是国家促进地方政府加强环境保护与污染治理的一个重要途径，中央政府通过财政转移支付可以直接激励地方政府积极进行环境治理，一方面，激励地方政府加大环境保护与治理的投资力度，加强环境监管，提高治理效率；另一方面，对于环境污染严重的地区，特别是欠发达地区，地方政府为了引进企业，可能会降低环境监管的标准，或者通过调整支出结构使用于环保的财政资金被挤占，致使环境治理公共服务投入不足，地区环境恶化，中央政府通过直接的资金扶持，可以平衡地区间的环境治理水平，提高全国环境质量。

3.4 本章小结

本章通过理论分析发现，地方政府在城镇化进程中扮演着重要的角色，而地方政府的财政实力是地方政府充分发挥职能、推动城镇化顺利发展的财力基础。在财政分权体制下，不恰当的政府绩效考核激励会使地方政府的行为偏离政策目标，因此，中央通过财政转移支付不仅可以弥补地方财力不足，缓解纵向和横向财政失衡，而且能够调节地方政府行为偏差，激励地方政府的行为符合全国政策目标和公众利益。因而，基于地方政府行政行为，在城镇化进程中，财政转移支付对城镇化质量的全面发展会产生一定的影响。根据前面相关理论分析，财政转移支付影响城镇化质量的作用机制如图3-4所示。

```
┌─────────────────────────┐
│      中央财政转移支付      │
└─────────────────────────┘
        基于地方政府的财政支出行为
┌─────────────────────────┐
│      新型城镇化发展质量      │
└─────────────────────────┘
```

| 经济发展 | ↔ | 社会公共服务事业发展 | ↔ | 生态环境优化 |

经济发展分支：
- 经济增长
  - 地区GDP增长
  - 地区人均GDP增长
- 经济结构优化
  - 第二、第三产业比重提高

衡量城镇化质量发展的经济维度

社会公共服务事业发展分支：
- 民生性公共服务
  - 教育、文体传媒
  - 医疗卫生
  - 社会保障与就业
- 经济性公共服务
  - 交通运输

衡量城镇化质量发展的社会维度

生态环境优化分支：
- 环境保护
  - 环境保护、治理投资

衡量城镇化质量发展的生态环境维度

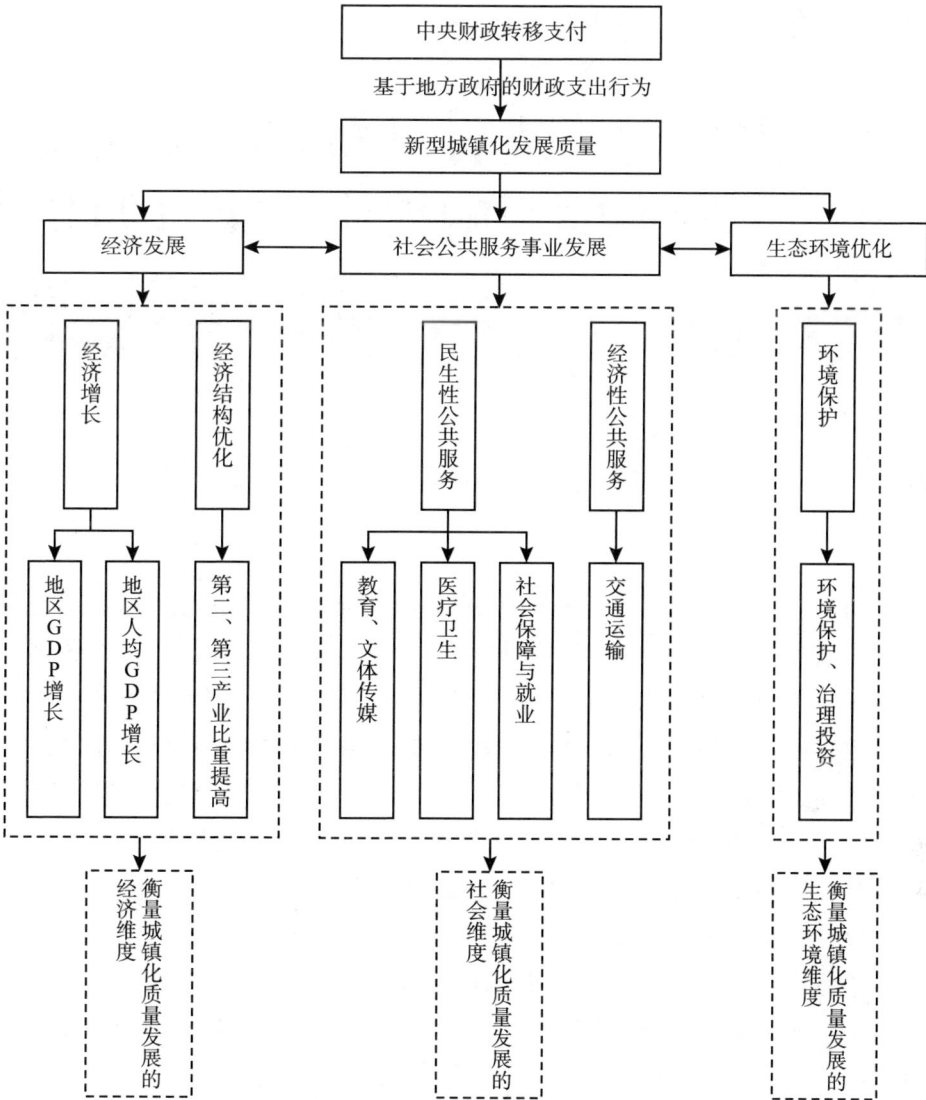

图 3 - 4 财政转移支付影响城镇化质量发展机制

财政转移支付对新型城镇化质量发展的影响效应：来自四川省县（市）的实证分析

4.1 引 言

中国是一个农业大国，尽管改革开放 40 多年来在城镇化加速发展趋势下我国大中城市实力增强，规模不断扩张，大量农业人口向大中城市转移，但全国大多数人口生活在县级区域，县域是我国最基本、最重要的经济单元，县域城镇化质量关系到我国城镇结构的合理性和城镇体系的健康发展，在以人为本的新型城镇化进程中，县域经济的增长和公共服务事业的进步事关本地居民的切身利益。在我国多级政府管理体系中，县级政府处于较低的行政层级，是我国历史上最稳定的地方政权，它承担着向本辖区提供公共物品，促进本地区社会公共事业进步、经济发展的重要责任，因而，县级政府对各类公共物品供给效率的高低对于提高县域城镇化质量具有重要的意义。

县级地方政府公共产品和服务的有效供给必须以充足的财力为前提，在我国财政分权体制下，县级政府承担了大量的事权和支出责任，而财政权力的上移使得县级政府不具备相应的财政能力，难以满足现实支出需求，从而陷入财政困难，某些县级政府甚至出现财政难以运转的局面。农村税费改革和取消农业税的财政政策实施以后，县级财政收入大幅度缩减，这进一步加剧了县级政府尤其是贫困县的财政困难，为了缓解财政困境，县级政府在引导和促进本地城镇化建设过程中，往往依靠土地出让增加财政收入，导致"土地财政"现象普遍存在，大量农业用地被侵占，从而违背了新型城镇建设全面追求质量提升的目标。同时，由于地区间的地理环境、资源禀赋和经济发展水平等存在差异，县级政府间财力水平也存在着差距，这不利于区域间经济协调发展和社会公共事业进步，从而影响县域城镇化质量的全面提升。而上级政府的财政转移支付则成为弥补县域财力缺口的必要手段，上级财政转移支付对于增加县级政府财政收入，弥补其财政缺口，保障县级政府财政有效运转，促进县域经济协调发展，提高县域基本公共服务供给水平发挥了重要作用。近年来，我国中央对地方的财政补助力度逐年提高，财政转移支付成为县级财政资金的重要来源，这也使得多数县级政府的财政支出对于上级政府的财政转移支付形成了不同程度的依赖，特别是一些贫困县对上级财政转移支付的依赖程度达了70%以上。尽管中央和省级政府大规模的财政转移支付有助于减轻县级财政压力，但地区间财力仍然存在很大差距，特别是县级政府财政能力并未得到有效提高，现有研究也没有证据表明财政转移支付能够有效平衡县级政府间的财力差异，崔（2005）的研究发现，在我国财政转移支付项目中只有原体制补助利于平衡县级财力差异，尹恒等人（2007、2009）的研究则表明，2003年以前我国财政转移支付在一定程度上加大了县级财力的不平衡，2003年以后，从公共财政角度而言转移支付的均等性则有所改善。

为了激发县域发展活力，2005年，党的十六届五中全会提出在部分地区实行"省直管县"财政体制改革的思路，优化组织结构、减少行政层级，从而提高财政管理效率，更好地发展壮大县域经济。这一改革政策能否促进地区经济发展，目前，学术界结论也存在差异，四川省于2007年起开始推行"省直管县（扩权强县）"财政改革工作，首批选择了27个县作为试点，2009年将试点范围扩大至59个县，2014年"省直管县"改革范围进一步扩大，至此四川省有78个试点县实行了"省直管县"财政管理体制改革。

现有文献大多分别针对财政分权、财政转移支付与地区经济增长和基本公共服务均等化之间的关系问题进行研究，且多数是从省级层面进行研究和实证分析，但从县域层面对于财政转移支付与城镇化质量发展的研究尚未发现，从社会整体发展的角度来看，财政转移支付一般主要关注两大目标：一是经济发展；二是公共服务均等化。在我国城镇化发展背景下，财政转移支付的这两大目标能否实现，以及实现的程度如何是衡量城镇化质量水平的重要方面，是值得我们深入研究的问题。同时，城镇化质量的提升不仅体现在经济总量的增长，更体现在经济产业结构的优化、良好的社会公共服务、健康的生态环境等方面。因此，本部分主要利用四川省县（市）级数据，从新型城镇化质量发展的视角，综合研究财政转移支付对县域经济发展、社会公共服务事业、生态环境三方面产生的实际影响效应，从而发现上级转移支付与县域城镇化质量发展存在的潜在关系。此外，由于财政转移支付是财政分权体制下的产物，"省直管县"作为我国财政分权管理体制改革的重要探索，必然对经济和社会各方面发展产生影响，因此，本章在实证研究转移支付与城镇化质量发展之间的关系时，也将其纳入考察的范畴，以捕捉财政政策变化带来的影响。综上考虑，本章主要研究内容包括四个部分：一是研究财政转移支付对县级经济发展的影响；二是研究财政转移支付对县级社会公共服务事业发展的影响；三是研究财政转移支付对县域生态环境的影响；四是将经济、公共服务、生态环境纳入同一考察体系，综合研究财政转移支付对其产生的影响以及三者之间的相互影响。

4.2 财政转移支付对县（市）经济发展的影响效应

4.2.1 一般理论考察

上级财政转移支付对地方经济和各方面社会事业发展产生影响是通过地方政府的支出行为来实现的。地方政府财力、人力等公共资源是有限的，公共资源的有限性使得其在不同支出项目之间的配置存在竞争关系，因此，地方政府在面临各种支出问题时，必然会对某方面支出产生偏向。改革开放以来，伴随着财政分权体制改革，我国地方政府的支出结构发生了很大变化，根据统计资料显示，1994~2005年，我国地方政府基本建设支出和行政管理支出占地方财政总支出的比重均实现大幅度上升，而民生性科教文化支出比重却逐年下降；2007年以来，地方政府用于农林水、交通运输、资源电力信息等方面的生产性支出基本呈增长趋势，而用于科教文卫社保等民生性方面的支出从2011年起才开始有所提高，但增长幅度并不大。在我国多层级行政管理体制和财政分权体制下、地方政府展开竞争的过程中，由于其绩效考核主要取决于经济绩效（Li and Zhou，2005），以及改革开放以来"以经济建设为中心"的思想引导，地方政府为实现国民生产总值和利税的增长，大力发展城镇经济，将财政资金优先投资到经济性服务领域。财政分权对于各级政府基础设施投资具有正向的激励作用（Treisman，2004），也是促进中国经济发展的一个重要因素（林毅夫、刘志强，2000；Jin et al.，2005），地方政府间"招商引资"上的竞争和政府治理的转型是解释中国基础设施投资决策的重要因素（张军等，2007）。这种现象不仅存在于我国地市级以上地方政府之中，在县级基层政府中也普遍存在。县级地方政府对于增加能够迅速产生明显经济绩效的项目支出具有强烈的倾向（江依妮、杨淑飞，2008），由于地方政府将财政转移支付资金用于基本建设投资有利于增加地方税基，因而财政转移支付增加显著促进了县（市）政府基本建设支出比重的增长（宋小宁、葛锐，2014）。总体而言，在地方政府的预算支出结构中，经济建设支出对人均 GDP 的影响是居于首位的（宋哲，2009），这也是改革开放 40 多年来，我国基础设施建设取得巨大成果，经济得以迅速发展的原因所在。由于基本建设投资有利于地方政府招商引资发展经济，能够带来直接经济效益，有效地体现地方官员的政绩，因而，地方政府对于基础设施建设的投资始终保持着较大的热情。

从地方政府的财政约束集来看，财政转移支付增加了地方的可用财政资金，从而大规模的财政转移支付对地方政府的支出决策有着重要的影响（李永友、沈玉平，2009），财政转移支付能够更加有效地推动经济建设支出（Duan and Zhan，2011），因而基于地方政府对经济建设财政支出的偏好，对于上级政府财政转移支付能否促进地方经济发展，理论界的观点并不一致。一种观点认为，财政转移支付对于地方经济发展能够产生积极的促进作用，转移支付不仅能够促进当地基础设施建设，而且使得技术溢出到欠发达地区，从而整体上促进经济的发展（Abramowitz，1985），有学者通过研究欧洲地区发展基金（FEDER）对西班牙部分地区的援助发现，尽管这种援助对当地经济发展影响效应并不大，但仍具有一定的正向影响效应（Delat and Vives，1995），从总体来看，转移支付对于地区间经济收敛、缩小经济差距能够产生积极的作用，在正的乘数效应下，有利于促进经济的长期增长（张恒龙，2011），有学者利用中国省级面板数据进行实证研究也进一步证明了财政转移支付能够显著地促进地区经济增长，且这一促进作用在欠发达地区较全国层面更强（陈斐等，2015）。也有一种观点认为，财政转移支付对于地区经济发展的影响效应是有限的，如加西亚和麦圭尔（Garcia and McGuire，1996）认为，欧盟和西班牙中央政府的财政转移支付并没有刺激受补助地区经济的发展；国内有学者认为，虽然财政转移支付一定程度有助于促进地区经济增长，但影响效应并不显著，如果财政转移支付规模的增长与财政分权水平不适应，反而抑制了地区经济增长（郭庆旺等，2009）；从我国财政转移支付政策实践来看，1999年以来，我国倾斜性财政转移支付政策牺牲了经济效率，由此所带来的激励偏差和支出结构的不合理变化可能降低了经济增长的潜力，从短期来看，财政转移支付对各地方经济增长起到了促进作用，但从长期影响来看，财政转移支付反而对经济增长产生了负面影响（范子英、张军，2010；范子英，2014）。

总体而言，基于地方政府财政支出结构中对于经济建设支出的偏好，通过影响地方政府的支出行为，中央转移支付进而对地方经济发展产生着影响，但已有研究文献均是从量的角度来研究财政转移支付对经济增长的影响，而在城镇化建设进程中，特别是当前追求城镇化质量全面发展的背景下，社会经济的发展不仅要求实现量的增长，更要追求质的提升，从生产的角度来看，城镇化的过程也是一个"非农化"的过程，这一过程中经济质量的提升不仅体现在总量的增加，也体现在社会产业结构的优化，并且由于不同地区间地理特征的不同，地方政府提供公共服务的成本存在很大差异，同样的公共服务在不同地区地方政府所付出的资金成本不同，从而产生的社会经济效益也存在差异，因此，本部分在分析财政转移支付对县（市）社会经济质量发展的影响效应时，将从质的角度出发，选择反映城镇化进程中经济发展质量水平的代表性指标，不仅从整体层面进行研究，也将结合不同地区地理特征，分别考察平原、丘陵和山区具有不同地理特征的县（市）财政转移支付对其经济发展质量产生的实际影响。

4.2.2 模型设定、变量选择与数据说明

4.2.2.1 模型设定

根据前述分析，为真实地反映财政转移支付等因素对城镇化进程中经济发展质量的影响，本部分拟采用静态面板数据，针对选取的衡量经济发

展质量的两个代表性指标，分别设定如下计量关系模型：

$$PGDP_{i,t} = \alpha_0 + \alpha_1 Tran_{i,t} + \alpha_2 Urb_{i,t} + \alpha_3 GRev_{i,t} + \alpha_4 MInv_{i,t} + \alpha_5 Edu_{i,t}$$
$$+ \alpha_6 Ref_{i,t} + \alpha_7 Pop_{i,t} + e_{i,t} \qquad (4-1)$$

$$NAgr_{i,t} = \alpha_0 + \alpha_1 Tran_{i,t} + \alpha_2 Urb_{i,t} + \alpha_3 GRev_{i,t} + \alpha_4 MInv_{i,t} + \alpha_5 Edu_{i,t}$$
$$+ \alpha_6 Ref_{i,t} + \alpha_7 Pop_{i,t} + e_{i,t} \qquad (4-2)$$

模型（4-1）、模型（4-2）中，i 表示县（市），t 表示年份；$PGDP$、$NAgr$ 分别表示人均 GDP、非农产业比重；$Tran$、Urb、$GRev$、$MInv$、Edu、Ref 和 Pop 分别表示地区人均净转移支付、城镇化率、政府财政规模、物质资本投资、人力资本状况、"扩权强县"改革和人口规模；e 是残差估计值。为提高方程估计效果，进行估计时模型中除"扩权强县"改革（Ref）虚拟变量外，其他各变量均采用自然对数形式。

4.2.2.2 变量选择及定义

（1）被解释变量。本部分主要利用四川省县级面板数据实证分析财政转移支付对县域经济发展质量的影响，根据前面对衡量城镇化质量因素的分析，并考虑到数据的可获得性，我们在经济发展相关因素中选择人均GDP（$PGDP$）和产业结构（$NAgr$）即非农产业增加值占 GDP 的比重两个指标作为被解释变量，从数量和结构两个方面来反映城镇化进程中经济发展质量。其中人均 GDP 值以 2004 年为基期（2004 = 100），利用人均 GDP 指数进行平减处理，从而得到实际值，以消除通货膨胀因素的影响。

（2）解释变量。人均净转移支付（$Tran$）。在我国中央对地方财政补助预决算体系中，税收返还是作为与财政转移支付并列的项目被提出的，因而在计算县（市）地方政府转移支付收入时，不包含税收返还性收入，同时，为反映县（市）获得上级财政转移支付的真实情况，在除去各项上解支出后，采用人均净转移支付额来进行衡量。城镇化率（Urb），根据前面对城镇化质量的界定，城镇化率从量的方面度量人口向城镇集中的程度，它不是用来衡量城镇化质量的一个指标，但量的提高也能够促进质的发展，城镇化过程中的集聚效应会使得资本具有更高的回报，从而促进经济发展，此处城镇化率采用非乡村人口占总人口的比重来表示。

（3）控制变量。为了得到良好的拟合效果，真实地反映各种因素对城镇化进程中经济发展质量可能产生的影响，本部分还考虑了如下因素作为控制变量：政府财政规模（*GRev*），在不变的税率条件下，地方政府财政收入提高，财政实力增强，能够确保为本地提供优良的公共服务和基础设施条件，从而促进本地经济发展，此处我们以地区一般预算内财政收入占GDP的比重来衡量地方政府财政规模，它表示地方政府可以为本地提供公共服务的稳定的财政资源。物质资本投资（*MInv*），作为地方经济发展的物质基础，物质资本投资是实现经济增长的构成要素，此处用县（市）全社会固定资产投资占地区GDP的比重来衡量。人力资本状况（*Edu*），人力资本投入是实现技术创新、促进地区经济发展的另一重要因素（Romer，1986；Lucas，1988），由于所要研究的样本县（市）缺乏中、高等学校统计数据，此处我们以普通中学和小学在校生人数占总人口的比重来反映地区人力资本发展状况。"扩权强县"改革[①]虚拟变量（*Ref*），为增强县域经济发展活力，自2007年起，四川省开始逐批实行"扩权强县"改革试点工作，扩大试点县（市）的经济管理权限，为了捕捉政策改革带来的影响，我们根据试点范围和实施时间，"扩权强县"改革作为虚拟变量加以控制，即改革当年及以后年度实行了"扩权强县"改革的试点县取值为1，改革前及未实行改革的县取值为0。地区人口规模（*Pop*），为了考察不同地区人口条件对本地经济发展的影响，我们还控制了地区人口规模因素。各变量的描述性统计如表4-1所示。

表4-1　　　　　　　　　　各变量描述性统计

变量	变量含义及说明	样本区域	平均值	标准差	最小值	最大值
PGDP	各地区人均GDP值（元）	全体	34811.56	87108.49	2694.87	813836.10
		平原	26743.10	11632.46	7604.72	59101.24
		丘陵	47708.76	117286.10	2784.24	813836.10
		山区	17798.69	29524.55	2694.87	244505.70
NAgr	地区非农产业增加值占GDP的比重	全体	0.7488	0.0981	0.4400	0.9600
		平原	0.8371	0.0690	0.6100	0.9600
		丘陵	0.7198	0.0829	0.4400	0.9100
		山区	0.7479	0.1061	0.5000	0.9300

---

① "扩权强县"改革：2007年，起四川省开始逐批实行"扩权强县"改革，扩大试点县（市）经济管理权限，赋予扩权试点县（市）与市相同的经济管理权限，实为"省直管县"改革。

续表

变量	变量含义及说明	样本区域	平均值	标准差	最小值	最大值
Tran	地区人均净转移支付额/总人口（元）	全体	2241.81	3296.65	71.12	47806.10
		平原	1936.57	1780.79	71.12	9500.96
		丘陵	1678.15	1104.34	264.18	11015.89
		山区	3350.82	5431.25	343.69	47806.10
Urb	地区非乡村人口占总人口的比重	全体	0.2009	0.1055	0.0500	0.6700
		平原	0.2576	0.1262	0.1200	0.6700
		丘陵	0.1923	0.0972	0.0500	0.5000
		山区	0.1836	0.0957	0.0600	0.5300
GRev	一般预算内财政收入占 GDP 的比重	全体	0.0376	0.0201	0.0100	0.1400
		平原	0.0533	0.0226	0.0200	0.1300
		丘陵	0.0295	0.0112	0.0100	0.0800
		山区	0.0423	0.0233	0.0100	0.1400
Ref	改革当年及以后年度实行"扩权强县"改革的试点县取值为1，改革前及未实行改革的县取值为0	全体	0.4874	0.5001	0.0000	1.0000
		平原	0.3467	0.4775	0.0000	1.0000
		丘陵	0.6022	0.4900	0.0000	1.0000
		山区	0.3741	0.4848	0.0000	1.0000
MInv	全社会固定资产投资占地区 GDP 比重	全体	0.7320	0.4621	0.0200	5.9000
		平原	0.7815	0.3856	0.0800	2.0400
		丘陵	0.6217	0.2757	0.0200	2.1700
		山区	0.8884	0.6591	0.0900	5.9000
Edu	普通中学和小学在校生人数占总人口的比重	全体	0.1153	0.0279	0.0500	0.1900
		平原	0.0983	0.0210	0.0600	0.1600
		丘陵	0.1124	0.0262	0.0600	0.1900
		山区	0.1296	0.0273	0.0500	0.1900
Pop	地区人口规模（万人）	全体	67.24	38.26	5.80	162.60
		平原	57.44	18.84	30.00	101.00
		丘陵	85.52	40.22	16.00	162.60
		山区	42.22	24.34	5.80	91.00

4.2.2.3　样本筛选及数据说明

根据 2014 年四川省各市（州）行政区划，四川省共拥有 183 个县级行政单位，其中市辖区 49 个、县级市 14 个、县 116 个、自治县 4 个，在这些县级行政单位中，由于各民族自治地方经济发展水平和城镇化率普遍较低，而市辖区经济发展水平和城镇化率则相对较高，特别是主城区城镇化已达到完全城镇化的水平，同时在进行扩大县域经济和财政管理权限改革的过程中，市辖区和阿坝、甘孜、凉山民族自治地区的县（市）并不纳入改革的试点范围，因此，为确保样本的同质性，剔除掉市辖区和民族自治州地区县（市）这两类样本，本部分共选择 87 个县和县级市的 2005～2014 年面板数据作为样本集合，在这 87 个县级单位中，位于平原地区的县（市）有 15 个，位于丘陵地区的有 45 个，位于山区的县（市）有 27 个。在各类数据指标中，各地财政转移支付收入、地方上解支出数据来源于《全国地市县财政统计资料》（2005～2009）以及四川省各相关部门（2010～2014）；地区 GDP、地区人均 GDP、非农产业增加值、一般预算财政收入、全社会固定资产投资数据来源于《四川统计年鉴》（2006～2015）；年末人口规模、乡村人口数、中小学在校生人数数据来源于《中国县域统计年鉴》（2006～2015）；"扩权强县"改革试点县数据来源于《四川省人民政府关于开展扩权强县试点工作的实施意见》《四川省人民政府关于深化和扩大扩权强县试点工作的通知》和《四川省人民政府关于进一步深化和扩大扩权强县试点改革的通知》。

4.2.3　实证检验及其结果分析

利用静态面板数据进行回归时，通常采用混合回归模型、固定效应模型（FE）和随机效应模型（RE）进行估计，在进行实证检验时，为了得到可靠的估计结果，我们首先利用 F 检验判定模型是否存在个体固定效应，在固定效应模型和混合效应模型间进行选择；然后利用豪斯曼（Hausman）检验在固定效应与随机效应模型间进行选择，从而最终选择恰当的模型进行估计。利用上述方法，我们分别对各模型进行估计，F 检验的结果均在 1% 的显著性水平上拒绝原假设，选择固定效应模型，随后进一步进行豪斯曼检验，模型（1）~模型（6）的估计结果显示仅模型（2）选择随机效应模型，其他均选择固定效应模型，表4-2给出了最终回归结果。

表4-2　　　城镇化进程中财政转移支付对县（市）经济发展影响的回归结果

变量	经济增长（PGDP）			产业结构（NAgr）		
	（1）FE	（2）RE	（3）FE	（4）FE	（5）FE	（6）FE
Tran	0.3259 *** (0.0117)	0.1802 *** (0.0118)	0.1232 *** (0.0130)	0.0585 *** (0.0029)	0.0234 *** (0.0030)	0.0122 *** (0.0035)
Urb	0.3324 *** (0.0215)	0.2324 *** (0.0178)	0.1567 *** (0.0173)	0.0432 *** (0.0053)	0.0196 *** (0.0045)	0.0104 ** (0.0046)
GRev		0.3942 *** (0.0231)	0.2954 *** (0.0236)		0.0089 *** (0.0058)	0.0736 *** (0.0063)
Ref		0.1741 *** (0.0198)	0.1433 *** (0.0188)		0.0468 *** (0.0050)	0.0397 *** (0.0051)
MInv			− 0.0334 * (0.0180)			0.0077 (0.0048)
Edu			− 0.6723 *** (0.0561)			− 0.0834 *** (0.0151)
Pop			1.6605 *** (0.3125)			0.3125 *** (0.0840)
R^2_within	0.724	0.8256	0.8553	0.5385	0.6962	0.7119
F 检验	190.53 ***	293.68 ***	344.54 ***	41.57 ***	43.62 ***	41.47 ***
Hausman P	0.0707	0.3122	0.0003	0.0000	0.0000	0.0000
样本量	870	870	870	870	870	870

注：括号中是系数对应的标准误；*** 、** 、* 分别表示1%、5%、10%的显著性水平。

根据表4-2所示的回归结果，当被解释变量为人均GDP（PGDP）时，模型（1）仅将地区人均净转移支付（Tran）和城镇化率（Urb）作为解释变量进行回归，此时两个变量的系数均显著为正，组内R^2达到0.724；第（2）个模型在上一步的基础上加入了政府财政规模和"扩权强县"改革两个变量，各变量与人均GDP均有显著的正相关关系，组内拟合优度大大增加，达到0.8256；第（3）个模型中，进一步将选定的所有变量加入模型进行估计，各解释变量的系数变化很小，拟合优度有所增加，说明进行的估计整体上是相对稳健的。从模型（3）可知，财政转移支付对四川省县域经济增长的弹性为0.1232，且在1%的水平上高度显著，这表明地区人均净转移支付每增加1%，将促进四川省县（市）人均GDP增加0.12%；同时，城镇化率、政府财政规模和财政"扩权强县"改革也对县域经济增长有着非常显著的正向性影响，其对四川省县域经济增长的弹性分别为0.1567、0.2954和0.1433，这表明城镇化水平的提高产生的聚集效应有利于县（市）经济的增长，地区财政能力的增强使得县级政府拥有必要的财力保障提供公共服务，从而促进本地的经济发展，而近年来实施的"扩权强县"改革对县域经济增长也产生了重要的积极作用。在其他控制变量中，物质资本投资比重系数为负，但其仅在10%的水平上显著，表明严格来讲物质资本投资率不是县域经济发展的明显约束；人力资本变量系数在1%的水平上显著为负，这可能是由于我们选取的样本指标文化水平过低（限于中、小学），中小学教育是国家义务教育的内容，也是县级政府必有的财政支出项目，中小学生比例的增长使得政府在教育方面支出增加，一定程度上分流了政府用于经济建设方面的财政资金，从而使得这一变量对县域经济发展产生了负向影响；而人口规模因素对县（市）经济发展具有显著的正向影响，人口规模每增加1个百分点将促进县（市）人均GDP增加1.66%。

当被解释变量为产业结构（NAgr）时，模型（4）仅控制了地区人均净转移支付（Tran）和城镇化率（Urb）两个因素，两者均在1%的显著性水平上对产业结构具有正向影响，拟合优度为0.5385。接着我们在模型（5）中增加政府财政规模（GRev）和"扩权强县"改革（Ref）两个控制变量，各变量对产业结构均具有非常显著的正向影响，组内拟合优度提高到0.6962。模型（6）中我们继续将所有控制变量加入模型中进行回归，各主要变量的系数仍然为正，且显著性水平没有发生大的变化，模型解释度也由0.6962提高到0.7119，这表明我们的估计是相对稳健的。从模型（6）可以看出，财政转移支付对产业结构具有显著的正向影响，其影响弹性为0.0122，即人均财政转移支付每增加1个百分点，将使得第二、第三产业比重增加0.01个百分点；城镇化率在5%的显著性水平上对产业结构具有正向影响，城镇化率每提高1个百分点，非农产业比重将增加1.04个百分点，这表明城镇化产生的聚集效应大大促进了第二、第三产业比重的增加。

政府财政规模的增加和财政体制"扩权强县"改革的实施也显著促进了第二、第三产业比重的增加，这表明财政改革政策的实施、县级政府财政实力的增强，使得县级政府拥有更多的财力扶持高新产业，有助于推动产业结构的优化。在其他控制变量中，物质资本投资比重对产业结构的影响不显著，表明其没有构成影响县域产业结构发展的有效约束，而人力资本状况却对县域产业结构产生了显著的负向影响，对这一变量的解释与前面类似，可能是由于义务教育支出的增加使得县级政府一定程度上减少了用于经济建设的财政资金，从而使该变量对产业结构优化产生了一定的负向影响。人口规模的增加显著促进了第二、第三产业比重的增长，这表明随着城镇化的加速，大规模农村劳动力向城镇转移从事非农产业，大大促进了非农业产值的增长。

从以上回归结果分析可见，财政转移支付不仅能够有效地促进县域经济增长，而且也有利于县域产业结构的优化；同时，随着县（市）城镇化水平的提高、"扩权强县"改革财政政策的实施和县级政府财政能力的增强，县域经济和产业结构也能获得不同程度的发展，这对于城镇化进程中县域经济发展质量的整体性提升都是有利的。

上述基于全部样本回归分析的结果表明，随着人口城镇化水平的提高和财政转移支付的增长，县域经济质量能够获得综合性发展，但不同地区间地理特征不同，地方政府提供公共服务的成本存在很大差异，从而产生的社会经济效益也存在差异，因此，我们进一步对所选取的四川省全部县级样本按照地理特征划分为平原、丘陵和山区，分地区进行回归，回归结果如表4-3所示。

表4-3　城镇化进程中财政转移支付对县（市）经济发展影响的分地区回归结果

变量	经济增长（PGDP）			经济结构（NAgr）		
	平原	丘陵	山区	平原	丘陵	山区
	（1）FE	（2）RE	（3）FE	（4）FE	（5）FE	（6）FE
Tran	-0.0446 ** (0.0215)	0.3072 *** (0.0186)	0.193 *** (0.0214)	-0.003 (0.0034)	0.04 *** (0.0057)	0.0223 *** (0.0064)
Urb	0.1898 *** (0.0389)	0.105 *** (0.0186)	0.0909 *** (0.0323)	0.0289 *** (0.0062)	-0.0067 (0.0054)	0.0064 (0.0097)

变量	经济增长（PGDP）			经济结构（NAgr）		
	平原	丘陵	山区	平原	丘陵	山区
	(1) FE	(2) RE	(3) FE	(4) FE	(5) FE	(6) FE
GRev	0.4583 ***	0.275 ***	0.2691 ***	0.0359 ***	0.0699 ***	0.0869 ***
	(0.0548)	(0.0289)	(0.0371)	(0.0088)	(0.0084)	(0.0111)
Ref	0.1111 *	0.0687 ***	0.107 ***	0.0104	0.0099	0.0457 ***
	(0.0566)	(0.0209)	(0.0332)	(0.0091)	(0.0061)	(0.01)
MInv	− 0.053	0.0176	− 0.1192 ***	− 0.0109 *	0.0248 ***	0.0051
	(0.0348)	(0.0217)	(0.0309)	(0.0056)	(0.0063)	(0.0093)
Edu	− 0.9175 ***	− 0.4259 ***	− 0.5689 ***	− 0.0781 ***	− 0.0742 ***	− 0.0858 ***
	(0.1424)	(0.0611)	(0.099)	(0.0228)	(0.0181)	(0.0298)
Pop	0.4118	0.2887	2.8659 ***	− 0.3488 ***	0.3405 ***	0.1174
	(0.6316)	(0.2248)	(0.5751)	(0.1011)	(0.1132)	(0.1728)
R^2_within	0.8401	0.9265	0.8538	0.6266	0.8142	0.7473
F 检验	24.84 ***	808.63 ***	178.59 ***	46.40 ***	58.11 ***	34.87 ***
Hausman P	0.0366	0.2107	0.0001	0.0000	0.0000	0.0022
样本量	150	450	270	150	450	270

注：括号中是系数对应的标准误；*** 、** 、* 分别表示1%、5%、10%的显著性水平。

从表4-3分地区回归的结果可以看出，主要解释变量对经济增长和经济结构的影响在各地区产生的效应存在着一定的差异。地区人均净转移支付（Tran）对丘陵和山区县域经济增长和经济结构均产生了显著的正向影响，但对平原地区的经济增长和经济结构却产生了负向影响，即随着人均净转移支付的增加，四川省丘陵和山区县域人均 GDP 和非农产业比重得到显著增长，平原地区县域人均 GDP 水平则显著下降，平原地区县域非农产业的比重也有所下降，但影响并不显著。城镇化率（Urb）的增长对平原、丘陵和山区县域经济增长均产生了正向影响，即人口城镇化显著促进了三个地区县域人均 GDP 增长，而人口城镇化对于三个地区经济结构的影响存在很大差异，城镇化率的增长仅显著促进了四川省平原县（市）非农产业比重增加，而对丘陵和山区经济结构的影响则是不显著的。此外，2007 年以来，四川省逐步实施了"扩权强县"改革，以扩大县级政府经济财政自主权，增强县域经济发展活力，因此，在控制变量中，我们进一步观察政策变化对各地区经济发展产生的影响，从表4-3回归结果可以看出，"扩权强县"改革（*Ref*）的实施对四川省三个地区县域经济发展产生的影响效应也有所不同，其对丘陵和山区县域人均GDP增长均有非常显著的促进作用，而对平原地区人均GDP仅在10%的水平上有显著正向影响；改革政策的实施显著促进了山区县域非农产业比重的增长，而对平原和丘陵地区产业结构则无显著影响。

基于上述全样本和分地区回归结果的实证分析，我们可以得出如下结论。

（1）整体上，随着城镇化的不断推进，政府间财政转移支付和人口城镇化水平的提高，不仅能够促进县域经济增长，也能够提升县域非农产业比重，优化产业结构，促进县域经济质量的综合性发展。

（2）"扩权强县"改革政策的实施扩大了县级政府的财政自主权，不同程度上促进了县域经济水平和产业结构的发展，有利于县域经济质量的整体性提升。

（3）由于地理特征不同，财政转移支付、人口城镇化率、"扩权强县"改革政策等因素对平原、丘陵和山区不同地区经济发展产生的影响效应存在着显著的差异。

4.3 财政转移支付对县（市）社会公共服务事业发展的影响效应

4.3.1 文献回顾及理论考察

4.3.1.1 文献回顾

自20世纪90年代中后期，政府公共服务和基本公共服务问题开始逐渐受到关注，并成为学术界研究的热点。关于公共服务和基本公共服务内涵和范围的界定，在学术界的定性研究中存在一定的争议，但学者们一致认为公共服务体系中应包含公共卫生、环境保护、社会保障、基础教育、基础设施等类别。对于基本公共服务的概念，我国国家基本公共服务体系"十二五"规划首次给出了官方界定："是指建立在一定社会共识基础上，由政府主导提供的，与经济社会发展水平和阶段相适应，旨在保障全体公民生存和发展基本需求的公共服务"（张启春等，2016）。

我国自1995年过渡期财政转移支付办法实施以来，中央对地方财政转移支付规模不断增长，特别是进入21世纪以来，为促进地区间平衡发展和公共服务均等化，中央不断加大对中西部内陆地区的财政转移支付力度。对于大规模的财政转移支付能否促进地方社会公共服务事业的发展，国内学者进行了大量实证研究。张丽华和汪冲（2008）利用省级数据研究了政府间财政转移支付对义务教育完成率的影响，认为中央财政转移支付对于提高义务教育的完成率、促进教育发展具有显著的正向影响；龚锋和卢洪友（2013）也认为，中央财政转移支付补助的增加有助于改善地方义务教育服务的配置效率。曾红颖（2012）在建立基本公共服务均等化标准体系的基础上，设计了与此相衔接的财政转移支付测算模型，并以2008年省级财政数据为样本进行了分析和评价，认为以基本公共服务均等化为目标建立的财政转移支付体系能够提高全国的均等化水平。卡普勒等（kappeler et al.，2013）通过对欧洲20个国家的实证研究发现，中央政府的建设补助拨款不仅促进了经济性基础设施投资，也显著促进了社会性基础设施投资。谢宇航、陈永正（2016）研究了美国、德国和澳大利亚的财政转移支付，认为发达国家的转移支付制度有助于地方财力的均等化，但财力均等化仅是地区公共服务均等化的"必要"条件，而不是"充分"条件，即地方财力的均等化不一定带来地区公共服务的均等化。赵永辉、付文林（2017）利用中国省级面板数据进行的实证研究也表明，财政转移支付在一定程度上能够缩小地区间财力差异并提升地方公共物品供给，但地方财力改善与公共物品供给之间不存在必然的趋好循环关系。尹振东、汤玉刚（2016）通过研究我国中部五省县级农村义务教育专项补助认为，专项财政转移支付是缓解或消除地方政府支出行为扭曲的必要手段，其效果取决于地区经济发展水平和财政转移支付设计规则，专项财政转移支付设计应根据地区经济发展阶段选择"扶弱"式或者"奖优"式。而帕克和史（Park and Shi，2008）通过研究甘肃省教育收费减免对入学率的影响，则发现国家针对教育收费的减免对义务教育入学率的影响并不大。郭庆旺等（2008）从公平和效率的角度研究了财政转移支付对中国地方公共服务均等化的影响，认为由于中央财政转移支付资金配置没有在公平和效率间进行很好的权衡，导致其未能充分有效地促进公共服务的发展及其均等化。毛捷等（2011）的研究发现，中央对民族地区的财政转移支付发挥了均等化效应，但程度有限。宋小宁等（2012）利用2000个县级样本数据研究发现，一般性转移支付对基本公共服务供给的影响极其微弱，主张应依靠专项转移支付来提高基本公共服务供给。范子英和张军（2013）的研究也表明，专项转移支付能够有效缓解中央与地方政府在提供公共物品方面的信息不对称，分摊了地方政府公共物品供给成本，较其他形式的转移支付更能有效激励地方政府提高本地公共品供给水平。贾晓俊等（2015）也认为，实现公共服务均等化目标最有效的手段是专项拨款中的分类拨款。李永友、张子楠（2017）利用中国2000～2012年26个省的面板数据进行实证研究，得出结论认为，中央对地方实施超过门槛水平的转移支付时，虽然扩大了财政转移支付资金池和中央政府的调控能力，但过度集权和地方政府支出政策中的替代效应会降低财政转移支付对地方政府社会性公共物品供给的激励作用。

从已有学术成果来看，关于财政转移支付对社会基本公共服务事业发展的影响效应，学术界得出了两种不同的结论：一种认为，财政转移支付能够促进基本公共服务供给；另一种结论则认为，财政转移支付并未有效地促进地方公共服务供给和基本公共服务均等化。从地方政府支出角度看，在财政分权体制下，地方政府财政支出具有偏好性，通过上级财政补助，地方的财政支出结构能否得到有效的调整，从而促进地方公共服务供给，目前仍缺乏充分的证据。现有研究大多利用省级数据来分析财政转移支付对省域公共服务供给的影响，而从县域角度进行研究的文献则较少，而且，随着近年来我国城镇化发展出现转型，国家开始注重城镇化质量的全面提升，财政体制改革也在不断完善，在这一新的形势下，上级财政补助对于地区公共服务事业发展产生的影响具有怎样的效应，值得我们进一步深入研究。因此，本部分将从地方政府支出的角度，结合新型城镇化建设全面提升质量发展的要求，利用四川省县级数据，从县域角度来研究上级政府财政转移支付对公共服务供给产生的实际影响。

4.3.1.2　理论考察

从财政学理论层面来看，早期理论大多认为财政分权能够提高地方政府对公共物品的供给效率，如蒂布特（1956）认为，对公共物品的供给地方政府能够获得准确的信息，居民"用脚投票"的机制使得地方政府根据居民的偏好提供优质的公共产品；鲍德威（2006）认为，地方政府具有本地信息优势、富有创新激励，因而，在社会公共物品供给上具有优势。然而在现实中蒂布特模型并非总是有效的，一些法规、制度、迁移成本等因素往往限制了居民的自由流动，比如，中国的城乡二元户籍制度，使得居民难以根据自身对公共品的偏好选择居住地区。同时，由于公共产品具有外部性特征，在分权体制下，地方政府受政治和经济目标的激励而相互竞争，为吸引资本流入往往过度加大基础设施投入而减少民生性基本公共服务支出，导致公共产品投资整体效率受损。因此，通过财政转移支付对具有正外部性的公共产品融资，中央政府可以分担地方政府公共服务的供给成本，有效地解决此类公共产品供给不足的问题（Break，1980），既兼容了分权的优点，也符合国家层面的均等化目标（范子英，2011、2014）。

从政府间财政关系来看，在全国范围内提供最低水平的公共服务、实现基本公共服务均等化是中央政府对地方政府实施拨款的基本目标，但实践中各地基本公共服务供给的主体则是地方政府。财政转移支付的功能：一是解决政府间财力的纵向和横向不平衡；二是解决公共服务供给中存在的外部性问题。在财政分权体制下，绝对财政分权下的中央财政转移支付相当于增加了地方政府的财政收入，允许地方政府降低税率，从而增加公共服务的供给（Scott，1952；Wilde，1971），但我国财政分权制度自1995年才开始逐步确立，同一时期城镇化建设也开始大规模推进，在相对财政分权体制下，一方面，地方政府没有税收自主权，同时承担着本地区主要的事权和公共支出责任，政府财政权限逐步上移，地方政府支出责任增多，使地方政府财政对中央财政形成依赖，地方公共服务支出在一定程度上依赖于中央转移支付（高琳，2012）；另一方面，在上级政府绩效考核和经济增长的双重激励下，地方政府间互相竞争，其财政支出安排需要满足自身发展目标的要求。因此，中央财政补助对地方有着复杂的影响，不仅承担着均等化的责任，也对地方政府的财政支出行为和税收努力产生着深刻的影响，使其行为模式发生了结构性变化（乔宝云等，2006）。在支出规模上，"粘蝇纸效应"使得转移支付刺激地方政府财政支出过度扩张（Oates，1999）；在支出结构上，由于财政转移支付制度缺乏规范性，财政转移支付提高地方财力水平可能会扭曲地方政府的支出倾向，造成地方财政支出结构出现失衡，偏好于行政性支出（Stein，1997），也导致了地方政府在公共财政支出结构中轻视人力资本和公共服务投资，更加偏重于生产性基本建设支出（尹恒、朱虹，2011），从而使其支出结构偏离基本公共服务均等化的目标，特别是在经济落后地区，地方政府对基本建设和行政管理支出项目的偏好更加强烈（付文林、沈坤荣，2012）。

4.3.2　模型构建、变量选择与数据说明

4.3.2.1　模型构建

基于上述分析，本部分将主要利用四川省县级面板数据从地方政府供给的角度实证分析城镇化进程中财政转移支付对县（市）社会公共服务事业发展的影响，进而从社会公共事业的发展方面来反映财政转移支付对城镇化质量产生的影响效应。由于公共服务所涉及的内容范围较广，有必要对其进行分类，但国内学术界在进行类型划分时口径上尚存在一定的分歧和出入，有学者根据服务的性质将公共服务划分为四个大的类别："第一类是基本民生性服务，包括就业服务和基本社会保障等；第二类是公共事业性服务，包括义务教育、公共卫生和基本医疗、公共文化等；第三类是公益基础性服务，包括公益性基础设施和生态环境保护等；第四类是公共安全性服务，包括生产安全、消费安全、社会安全、国防安全等"（常修泽，2007）。也有学者从公共服务均等化指标体系设计上将公共服务划分为"一般公共服务、科学技术、基础设施、公共安全、基础教育、社会保障、环境保护、公共卫生等"（陈昌盛、蔡跃洲，2007；安体富、任强，2008）。傅勇则将公共物品分为两类："一类是经济性公共物品，包括交通、能源、通信等方面；另一类是非经济性公共物品，包括社会福利、文化教育、卫生保健、环保设施等方面"（傅勇，2010）。综合借鉴学者们的做法，我们将公共服务分为三类：一是"民生性"公共服务，如教育、医疗卫生、社

会保障、文体等与人民生活息息相关、关系人民切身利益的项目；二是"经济性"公共服务，如交通运输、能源资源、电力通信等对地区经济发展产生直接影响的公共服务项目；三是"一般性"公共服务，如公共安全、国防、一般公共服务等。

根据本部分研究的目的和前面对衡量城镇化质量因素的分析，并基于县级数据的可获得性，我们综合考虑衡量城镇化质量的社会发展因素，从"民生性"公共服务和"经济性"公共服务两方面来考量财政转移支付对社会公共服务事业发展的影响。地区公共服务的主要供给者是本地政府，其供给水平是通过地方政府的财政支出来反映的，地方政府的财政供给力度直接决定了当地公共服务事业的发展水平。因此，本部分从供给的角度来考察城镇化进程中财政转移支付对公共服务事业发展的影响。为此，我们采用面板数据，设定如下计量模型进行实证检验：

$$LSP_{it} = \alpha_0 + \beta_1 Tran1_{it} + \beta_2 Tran2_{it} + \beta_3 Urb_{it}$$

$$+ \sum_{\sigma=1}^{n} \lambda_\sigma Contorl_{it} + \varepsilon_{it} \qquad (4-3)$$

$$ESP_{it} = \alpha_0 + \beta_1 Tran1_{it} + \beta_2 Tran2_{it} + \beta_3 Urb_{it}$$

$$+ \sum_{\sigma=1}^{n} \lambda_\sigma Contorl_{it} + \varepsilon_{it} \qquad (4-4)$$

模型（4-3），模型（4-4）中，LSP、ESP 为被解释变量，分别表示"民生性"公共服务和"经济性"公共服务；$Tran1$、$Tran2$、Urb 是解释变量，分别表示一般性转移支付、专项转移支付、城镇化率；$Contorl$ 是控制变量，i 表示县（市），t 表示年份；ε 是随机扰动项。进行模型估计时，为了克服可能产生的异方差问题，提高估计效果，除控制变量中的"扩权强县"改革虚拟变量之外，其他变量均采用原始数据的自然对数。

4.3.2.2 变量选择

（1）被解释变量。"民生性"公共服务供给（LSP），以地方政府人均文教卫社保财政支出来衡量，即地方政府文体传媒、教育、医疗卫生和社会保障四项支出之和与地区总人口之比；"经济性"公共服务供给（ESP），该指标以地方政府人均交通运输财政支出来表示。

（2）解释变量。一般性转移支付（$Tran1$）和专项转移支付（$Tran2$）。

在我国中央对地方财政补助预决算体系中，税收返还是作为与财政转移支付并列的项目被提出的，因而在计算县（市）地方政府财政转移支付收入时，不包含税收返还性收入。同时，自1995年我国实施"过渡期转移支付"办法以来，财政转移支付制度经过历年的调整和改革，目前主要包括两大类：一般性转移支付和专项转移支付。为了更真实地反映不同类型转移支付对县级公共服务供给的影响，在设定解释变量时，我们将两类转移支付项目分别进行统计，并采用人均水平来度量。另外需要说明的是，2008年四川省发生了"5·12"汶川大地震，对各区县市的财政转移支付中增设了地震灾后恢复重建补助项目，专门用于灾后恢复重建工作，随着重建工作的逐步完成，这一补助的规模也逐渐减少并取消，因此，我们在计算各县（市）的专项转移支付收入时没有将其纳入统计范围。城镇化率（Urb）表示城镇化水平越高的地方，越需要更多的公共服务，政府的公共服务支出也会相应增加，此处城镇化率采用非乡村人口占总人口的比重来表示。

（3）控制变量。为了得到良好的拟合效果，真实地反映各种因素对城镇化进程中公共事业发展可能产生的影响，本部分还考虑了如下因素作为控制变量：政府一般预算收入（BRev），包括税收收入和非税收入，它是地方政府用以提供公共服务的自有财力，地方政府财政收入越高，越具备较强的财力为本地提供更高水平的公共服务，此处我们以地区人均政府一般预算内财政收入来衡量；"扩权强县"改革虚拟变量（Ref），自2007年起，四川省开始逐批实行"扩权强县"改革试点工作，扩大试点县（市）的财政管理权限，为了捕捉政策改革对政府公共服务供给带来的影响，我们根据改革的时间和试点范围，控制了"扩权强县"改革虚拟变量，即改革当年及以后年度实行了"扩权强县"改革的试点县取值为1，改革前及未实行改革的县取值为0；政府行政性支出（GExp），它是地方政府的消费性支出，在有限的财力水平下，如果政府用于行政管理方面的支出过多，则会影响政府在社会公共服务方面的财政供给，此处，我们用地区政府一般公共服务支出占预算内财政支出的比重来衡量县级政府的行政性支出规模；人口密度（Den），人口密度大的地区可能会较好地分摊公共服务供给的成本，从而对地方政府公共服务支出产生作用，它可以有效地捕捉地区间人口密度差异对政府公共服务供给的影响，此处我们以地区总人口与行政区域面积之比来表示。

各变量的描述性统计如表4-4所示。

表4-4　　　　　　　　　　　　　各变量描述性统计

变量	变量含义及说明	样本区域	平均值	标准差	最小值	最大值
LSP	地区人均"民生性"公共服务供给（元）	全体	1339.41	686.74	386.85	7366.10
		平原	1408.39	628.01	456.53	3202.12
		丘陵	1166.36	516.92	386.85	2854.15
		山区	1589.50	862.79	430.54	7366.10
ESP	地区人均"经济性"公共服务供给（元）	全体	139.50	335.07	2.22	7021.02
		平原	115.62	119.38	2.40	680.72
		丘陵	92.69	78.68	2.22	477.48
		山区	230.78	576.49	3.48	7021.02
*Tran*1	一般性转移支付（元）	全体	1277.52	2316.63	172.02	43856.61
		平原	774.88	379.97	195.74	2224.08
		丘陵	1047.77	553.98	274.63	5121.78
		山区	1939.70	4010.76	172.02	43856.61
*Tran*2	专项转移支付（元）	全体	1049.79	1916.70	64.53	32411.86
		平原	882.89	460.90	166.49	2699.06
		丘陵	815.64	618.61	64.53	8455.29
		山区	1532.77	3282.88	125.26	32411.86
Urb	地区非乡村人口占总人口的比重	全体	0.2142	0.1103	0.0545	0.6651
		平原	0.2725	0.1349	0.1200	0.6700
		丘陵	0.2066	0.1015	0.0500	0.5000
		山区	0.1947	0.0993	0.0600	0.5300
BRev	地区人均政府一般预算收入（元）	全体	841.63	1007.28	57.75	7890.50
		平原	1930.36	1636.86	161.55	7890.50
		丘陵	483.25	354.93	67.67	2088.36
		山区	834.08	842.46	57.75	5352.06
Ref	改革当年及以后年度实行"扩权强县"改革的试点县取值为1，改革前及未实行改革的县取值为0	全体	0.61	0.49	0	1
		平原	0.43	0.50	0	1
		丘陵	0.75	0.43	0	1
		山区	0.47	0.50	0	1

变量	变量含义及说明	样本区域	平均值	标准差	最小值	最大值
GExp	地区政府一般公共服务支出占预算内财政支出的比重	全体	0.1101	0.0415	0.0216	0.2920
		平原	0.1290	0.0499	0.0300	0.2900
		丘陵	0.1087	0.0360	0.0400	0.2300
		山区	0.1020	0.0421	0.0200	0.2300
Den	人口密度（人/平方公里）	全体	470.30	251.83	19.00	1237.00
		平原	634.80	268.12	323.53	1237.44
		丘陵	579.46	157.07	174.54	992.44
		山区	196.97	118.04	18.63	406.82

4.3.2.3　数据来源及说明

根据 2014 年四川省各市（州）行政区划，四川省共拥有 183 个县级行政单位，其中市辖区 49 个、县级市 14 个、县 116 个、自治县 4 个，在这些县级行政单位中，各民族自治地方城镇化率普遍较低，而市辖区城镇化率则相对较高，特别是主城区城镇化已达到完全城镇化的水平，同时在进行扩大县域经济和财政管理权限改革过程中，市辖区和阿坝、甘孜、凉山民族自治地区的县（市）并不纳入改革的试点范围，为确保样本的同质性，我们进行样本选择时剔除掉了市辖区和民族自治州地区县（市）这两类样本，同时鉴于 2007 年我国政府财政预算收支科目分类进行了改革，统计口径前后发生了变化，因此，本部分最终共选择 87 个县和县级市的 2007 ～ 2014 年面板数据作为样本集合进行实证分析，在这 87 个县级单位中，位于平原地区的县（市）有 15 个，位于丘陵地区的有 45 个，位于山区的县（市）有 27 个。在各类数据指标中，各县（市）"民生性"公共服务供给、"经济性"公共服务供给、一般公共服务支出、一般性转移支付、专项转移支付、一般预算财政收入、一般预算财政支出数据来源于历年《四川统计年鉴》和四川省各相关部门；"扩权强县"改革试点县数据来源于《四川省人民政府关于开展扩权强县试点工作的实施意见》《四川省人民政府关于深化和扩大扩权强县试点工作的通知》和《四川省人民政府关于进一步深化和扩大扩权强县试点改革的通知》。各地区年末总人口、非乡村人口数、行政区域面积数据来源于《中国县域统计年鉴》（2008～2015）。

4.3.3 实证检验及其结果分析

利用静态面板数据进行回归，通常采用混合回归模型、固定效应模型（FE）和随机效应模型（RE）进行估计，在实证检验时，为了改进增加变量可能产生的多重共线性问题，得到可靠的估计结果，我们采用了逐步回归法，首先，利用 F 检验判定模型是否存在个体固定效应，在固定效应模型和混合效应模型间进行选择；其次，利用豪斯曼检验在固定效应与随机效应模型间进行选择，从而最终选择恰当的模型进行估计。利用上述方法，我们分别对模型（4-3）和模型（4-4）进行估计，F 检验的结果均在1% 的显著水平上拒绝原假设，选择固定效应模型，随后我们进行豪斯曼检验，结果显示，只有模型（4-3）的第（3）个和第（4）个回归选择了随机效应模型，其他均选择固定效应模型，表 4-5、表 4-6 分别针对模型（4-3）、模型（4-4）给出了最终的回归结果。

表 4-5　城镇化进程中财政转移支付对县域"民生性"公共服务供给的影响

变量	"民生性"公共服务供给（LSP）			
	（1）FE	（2）FE	（3）RE	（4）RE
Tran1	0.7463 *** (0.0205)	0.6069 *** (0.0164)	0.3721 *** (0.0144)	0.3433 *** (0.0152)
Tran2		0.2753 *** (0.0123)	0.2449 *** (0.0107)	0.2031 *** (0.0115)
Urb	0.0820 *** (0.0259)	0.0529 *** (0.0192)	0.0428 *** (0.0152)	0.0310 ** (0.015)
BRev			0.2277 *** (0.0109)	0.2511 *** (0.0108)
Ref			0.1010 *** (0.0163)	0.0600 *** (0.0170)
GExp				-0.1557 *** (0.0192)

续表

变量	"民生性"公共服务供给（LSP）			
	（1）FE	（2）FE	（3）RE	（4）RE
Den				0.0026 (0.0149)
F 检验	8.06 ***	11.29 ***	4.95 ***	4.86 ***
Hausman P	0.0000	0.0000	0.3075	0.2452
R^2_within	0.8142	0.8984	0.9259	0.9322
样本量	696	696	696	696

注：括号中是系数对应的标准误；*** 、** 、*分别表示1%、5%、10%的显著性水平。

表 4 - 6　城镇化进程中财政转移支付对县域"经济性"公共服务供给的影响

变量	"经济性"公共服务供给（ESP）			
	（1）FE	（2）FE	（3）FE	（4）FE
Tran1	1.5847 *** (0.0635)	1.3853 *** (0.0653)	0.7014 *** (0.0886)	0.7646 *** (0.0920)
Tran2		0.3935 *** (0.0489)	0.3376 *** (0.048)	0.4034 *** (0.0545)
Urb	0.0493 (0.0802)	0.0076 (0.0764)	− 0.0337 (0.0714)	− 0.0368 (0.0715)
BRev			0.5997 *** (0.0753)	0.5363 *** (0.078)
Ref			0.4775 *** (0.0906)	0.5396 *** (0.0933)
GExp				0.2575 *** (0.0926)
Den				2.6038 * (1.3971)
F 检验	4.13 ***	4.34 ***	3.46 ***	3.63 ***
Hausman P	0.0000	0.0000	0.0000	0.0000
R^2_within	0.6547	0.688	0.7368	0.7411
样本量	696	696	696	696

注：括号中是系数对应的标准误；*** 、** 、*分别表示1%、5%、10%的显著性水平。

根据表4-5所给出的回归结果，当被解释变量为"民生性"公共服务（LSP）时，第（1）个回归仅将一般性转移支付（Tran1）和城镇化率（Urb）作为解释变量进行估计，组内拟合优度达到0.8142，两个变量均对被解释变量有着显著的正向影响；第（2）个回归在前面基础上，将专项转移支付（Tran2）纳入解释变量体系进行考察，模型组内 R^2 大大提高，达到0.8984，三个解释变量对"民生性"公共服务供给（LSP）均有显著正向影响；在第（3）个回归中，将人均政府一般预算收入（BRev）和"扩权强县"改革（Ref）两个控制变量纳入估计模型中，各变量均对被解释变量有非常显著的正向影响，模型的拟合优度增加到0.9259；在第（4）个回归中，我们进一步将所有控制变量纳入考察体系进行回归，结果显示，模型的整体拟合优度有所提高，各主要解释变量仍然对被解释变量有着显著的正向影响，系数没有发生大的变化，这表明模型的估计是相对稳健的。根据第（4）个回归结果可知，人均一般性转移支付和人均专项转移支付每增加1%，将分别促进四川省县域"民生性"公共服务财政供给增长0.3433%和0.2031%，表明两类转移支付均有效地促进了县域"民生性"公共服务的供给和发展；城镇化率在5%的水平上对"民生性"公共服务供给有显著影响，其影响弹性为0.031，这表明城镇化水平的提高促进了社会公众"民生性"公共服务需求的增加，从而使得地方政府在这方面的支出相应增加；控制变量中人均政府一般预算收入（BRev）和"扩权强县"改革（Ref）也在1%的水平上对被解释变量有着显著正向影响，其影响弹性分别为0.2511和0.0600，表明随着近年来省对县级财政体制改革政策的实施和地方政府自有财力的增强，地方政府拥有更多的财力和经济自主权安排本地公共事务，这有利于增加对本地"民生性"公共服务的供给；而政府行政性支出（GExp）则对"民生性"公共服务供给有着显著的负向影响，其弹性系数为-0.1557，表明地方政府在行政管理方面的支出规模制约了其在"民生性"公共服务方面的有效供给；地区人口密度对被解释变量没有显著的影响。

从表4-6可以看到，当被解释变量为"经济性"公共服务供给（ESP）时，第（1）个回归仅将一般性转移支付（Ttran1）和城镇化率（Urb）作为解释变量进行回归，组内拟合优度达到0.6547，一般性转移支付与被解释变量在1%的显著水平上有着正相关关系，而城镇化率则对被解释变量没有显著的影响；第（2）个回归在解释变量中进一步加入专项转移支付（*Tran*2），模型拟合优度有所提高，人均一般性转移支付和人均专项转移支付均在1%的水平上与被解释变量有着非常显著的正相关关系，城镇化率对被解释变量仍然没有显著影响；第（3）个回归中我们继续加入人均政府一般预算收入（*BRev*）和"扩权强县"改革（*Ref*）两个控制变量，城镇化率的弹性系数变为负值，但其影响仍不显著，其他变量对被解释变量均有非常显著的正向影响，模型组内拟合优度增加到0.7368；第（4）个回归在前面基础上进一步加入所有控制变量，各主要解释变量的系数没有发生大的变化，组内拟合优度增加到0.7411，表明对模型的估计也是相对稳健的。从第（4）个回归结果可以看到，一般性转移支付和专项转移支付均对"经济性"公共服务供给产生了非常显著的正向影响，两者对被解释变量的影响弹性分别为0.7646和0.4034，一般性转移支付和专项转移支付每增加1%，将分别促进"经济性"公共服务供给增加0.7646%和0.4034%，这表明两类转移支付均有效地促进了"经济性"公共服务的供给和发展；而城镇化水平的提高对于"经济性"公共服务供给则没有显著的影响，这可能是由于历年来我国农业人口转移主要趋向于大中城市，而县域人口城镇化规模较弱，使得原本就有较强"经济性"支出需求的县级政府在该方面的支出对于城镇化水平变化的反应敏感度不强；控制变量中政府一般预算收入（*BRev*）、"扩权强县"改革（*Ref*）对"经济性"公共服务供给也存在着显著的正向影响，其影响弹性分别为0.5363和0.5396，表明随着省对县级财政体制改革，地方政府经济自主权扩大和自有财力的增强有力地促进了地方政府在"经济性"公共服务方面的供给；其他控制变量政府行政性支出（*GExp*）和地区人口密度则分别在1%和10%的水平上对"经济性"公共服务方面的供给产生正向影响，其影响弹性分别为0.2575和2.6038。

上述实证分析是基于全部样本回归结果而进行的，但不同地区之间由于地理特征不同，地方政府在提供公共服务时所付出的资金成本存在很大差异，从而导致不同地区地方政府公共服务供给效率产生差异，进而影响各地区社会公共服务事业发展的均衡性，基于此，我们进一步对所选取的四川省全部县级样本按照地理特征划分为平原、丘陵和山区，分地区进行回归，回归结果如表4-7、表4-8所示。

表 4 – 7 城镇化进程中财政转移支付对县域"民生性"公共服务
供给影响的分地区回归结果

变量	"民生性"公共服务供给（LSP）		
	平原	丘陵	山区
	（1）RE	（2）RE	（3）RE
Tran1	0.1283 *** (0.0481)	0.5143 *** (0.019)	0.2923 *** (0.0261)
Tran2	0.4916 *** (0.0419)	0.1511 *** (0.0136)	0.1825 *** (0.0179)
Urb	0.0352 (0.0403)	0.0096 (0.0132)	0.0482 (0.0306)
BRev	0.2706 *** (0.0375)	0.1893 *** (0.0147)	0.2485 *** (0.0196)
Ref	0.0467 (0.0509)	0.0592 *** (0.0154)	0.0624 * (0.0341)
GExp	− 0.0583 (0.0436)	− 0.1918 *** (0.0213)	− 0.1359 *** (0.0372)
Den	0.0578 (0.0894)	0.0226 (0.0297)	− 0.0014 (0.0286)
F 检验	4.48 ***	4.04 ***	4.00 ***
Hausman P	0.1069	0.151	0.1375
R^2_within	0.9127	0.973	0.9148
样本量	120	360	216

注：括号中是系数对应的标准误；***、**、*分别表示1%、5%、10%的显著性水平。

表 4 – 8 城镇化进程中财政转移支付对县域"经济性"公共服务
供给影响的分地区回归结果

变量	"经济性"公共服务供给（ESP）		
	平原	丘陵	山区
	（1）RE	（2）FE	（3）FE
Tran1	0.5629 *** (0.1792)	0.8278 *** (0.169)	0.6715 *** (0.15)

变量	"经济性"公共服务供给（ESP）		
	平原	丘陵	山区
	（1）RE	（2）FE	（3）FE
Tran2	0.1754 （0.1568）	0.4912 *** （0.091）	0.4621 *** （0.0853）
Urb	−0.1158 （0.1507）	−0.1667 * （0.0896）	0.1812 （0.1519）
BRev	1.0873 *** （0.1395）	0.4885 *** （0.1504）	0.4268 *** （0.1238）
Ref	0.09 （0.1883）	0.3776 *** （0.1124）	0.8897 *** （0.1861）
GExp	−0.1253 （0.1628）	0.4116 *** （0.1502）	0.2911 （0.1771）
Den	−0.6419 ** （0.3295）	4.3829 ** （1.924）	2.5431 （2.4701）
F 检验	4.88 ***	3.14 ***	2.47 ***
Hausman P	0.2141	0.0000	0.0035
R^2_within	0.776	0.7535	0.7496
样本量	120	360	216

注：括号中是系数对应的标准误；***、**、*分别表示1%、5%、10%的显著性水平。

从平原、丘陵和山区三个区域的分地区估计结果可以看出，主要解释变量对"民生性""经济性"公共服务供给产生的影响效应在不同地域间存在着一定的差异。一般性转移支付（Tran1）对平原、丘陵、山区三个地区的"民生性"公共服务供给均产生了显著的正向影响，其弹性系数分别为0.1283、0.5143、0.2923，即人均一般性转移支付每增加1%，将促进四川省平原、丘陵、山区县域人均民生性公共服务供给分别增长0.1283%、0.5143%、0.2923%，可以看出，一般性财政转移支付对平原地区"民生性"公共服务供给的影响是相对缺乏弹性的；一般性转移支付对三个地区的"经济性"公共服务供给的影响弹性均在 0.5 以上，且影响非常显著，这表明一般性转移支付的增加均有效促进了三个地区"经济性"公共服务的供给；而对"民生性"公共服务供给的影响效应相对较弱。专项财政转移支付（Tran2）对平原、丘陵和山区三个地区的民生性公共服务供给也产生了显著的正向影响，其弹性系数分别为 0.4916、0.1511 和 0.1825，可以看出，专项转移支付对丘陵和山区的县域"民生性"公共服务供给影响效应相对较低；从专项转移支付对三个地区"经济性"公共服务供给产生的影响来看，对丘陵和山区有着显著正向影响，其弹性系数分别为 0.4912 和 0.4621，对平原地区则无显著影响，表明省对县级专项转移支付的增加有效促进了丘陵和山区"经济性"公共服务的供给，而对平原地区并无影响。从城镇化率（Urb）对各地区公共服务供给的影响来看，其对各地区"民生性"和"经济性"公共服务供给的影响均不显著，这表明现阶段县级政府对本地民生性和经济性公共服务的供给没有受到城镇化水平的显著影响。其他变量中"扩权强县"改革（Ref）对"民生性"公共服务供给在丘陵地区产生了显著正向影响，在平原地区没有显著影响，在山区仅在 10% 的显著性水平上有影响；"扩权强县"改革对丘陵和山区的"经济性"公共服务供给均产生了显著的正向影响，而对平原地区的"经济性"公共服务供给没有产生显著影响，由此可见，省对县财政改革政策的实施在不同区域产生的影响效应也存在着很大差异。

综合本节实证分析，我们可以得出以下结论：

从全样本的回归结果看。（1）财政转移支付有效促进了县域"经济性"公共服务的供给，但对县域"民生性"公共服务供给的影响较为缺乏弹性。人均一般性转移支付每增加 1%，将显著促进四川省县域"民生性"和"经济性"公共服务供给水平分别提高 0.3433% 和 0.7646%，其对"民生性"公共服务的影响弹性仍然较低。人均专项转移支付每增加 1%，将促进四川省"民生性""经济性"公共服务供给分别提高 0.2031% 和 0.4034%，其对"民生性"公共服务供给的影响弹性也是相对较小的。（2）城镇化水平的提高显著促进了县级地方政府对本地"民生性"公共服务的供给，"经济性"公共服务供给没有受到城镇化水平的显著影响。（3）"扩权强县"改革政策的实施扩大了县级政府的财政自主权，对县域"民生性""经济性"公共服务供给都产生了显著的促进作用。

从分地区的回归结果看。（1）财政转移支付对四川省平原、丘陵、山区的县域"民生性"和"经济性"公共服务供给存在着显著的正向影响，但其影响效应在不同地区之间存在着明显差异。（2）城镇化水平仅在10%的显著性水平上对四川省丘陵地区"经济性"公共服务供给产生了一定影响，对平原和山区的"经济性"公共服务供给没有产生影响，对平原、丘陵和山区三个区域的"民生性"公共服务供给也未产生非常显著的影响。（3）"扩权强县"改革对平原地区的"民生性"和"经济性"两类公共服务供给均未产生显著影响，对丘陵和山区的"民生性""经济性"公共服务供给产生了显著的正向影响，表明"扩权强县"改革政策的实施对县域"民生性"和"经济性"两类公共服务供给产生的影响效应在不同地区间也存在着很大的差异。

4.4 财政转移支付对县（市）生态环境的影响效应

4.4.1 文献回顾及理论逻辑

4.4.1.1 文献回顾

人类社会文明发展的过程同时也是城镇化不断推进的过程，在这一过程中，人类的生产、生活活动必然对生态环境造成影响，随着工业文明的发展和人类对资源环境的过度开发、利用和消费，多年来环境污染不断加剧，环境污染治理问题受到社会各界的广泛关注，相关学术研究也方兴未艾。马歇尔（Marshall）于1890年最先提出了"外部经济"的概念，"外部性也称溢出效应，即一个经济主体的行为对其他经济主体福利产生的影响。"它分为正外部性和负外部性，环境污染是一种典型的负外部性活动。1920年，福利经济学创始人庇古（Pigou）进一步发展了外部性理论，他认为，要优化资源配置，实现帕累托最优，不可完全依靠市场机制，应当在必要的时候通过强有力的政府措施实施行政干预，他最早提出通过征税可以调节环境污染行为，通过政府征税和补贴来解决环境污染的外部性问题，达到环境治理的目的。庇古的外部性理论后来受到奈特（Knight）、科斯（Coase）等人的质疑，科斯（1960）认为，通过货币化来衡量污染量及其引起的损失是很难实现的，但若产权明确界定，则生产者和消费者通过自愿谈判和交易，外部性问题也可得以解决。市场交易具有灵活性，但这也说明了政府实施干预的必要性。威尔逊（Wilson，1999）、劳舍尔（Rauscher，2005）认为，地区间在竞争过程中为了吸引更多企业进入本地，地方政府会不惜降低税负，放松环境监管，导致环境保护投入不足，环境治理效率低下，地区环境质量恶化，出现"趋劣竞争"。王和狄（Wang and Di，2002）的研究表明，地方政府的环境治理倾向会受到上级政府干预的影响，上级政府越重视，则地方政府治理环境污染的效果就越好。

近年来，随着我国环境污染的加重，关于财政政策对环境治理方面的研究也逐渐成为国内学术界关注的热点。张征宇、朱平芳（2010）通过实证研究认为，各地区的环境治理财政支出随着经济的发展而呈现上升趋势，且地区间的竞争在一定程度上也促进了环保支出。张克中等（2011）的研究认为，碳排放和财政分权两者之间是正相关关系，碳排放量会随着分权度的提高而逐步增大，这表明财政分权使地方放松了污染管治，不利于减少环境污染。闫文娟、钟茂初（2012）的研究也认为，财政分权对环境治理投资具有负面影响，削弱了地方政府对环境保护的投资力度。卢洪友和祁毓（2013）认为，环境保护财政支出在政府的公共财政支出体系处于弱势地位，所占比例不高，应当逐步优化环境保护财政支出路径，为环境治理和保护提供必要的财力保障，以有效改善生态环境质量，防止生态环境继续恶化。王宝顺（2011）认为，目前环境污染治理投资缺少监督和积极正确的引导，尽管投资总量有所提高，但效率不高，想要有效提高环境治理能力，在公共投资短缺的情形下，须提高环境财政支出的效率。宋丽颖、杨潭（2016）以黄河流域沿线 7 省份 2007～2014 年的数据为样本，研究了财政转移支付对环境治理的效果，得出结论认为，纵向转移支付能够促进各省增加环境治理的财政投入，横向转移支付能够提升环境规制的强度，财政转移支付总体上对地区环境治理能够产生积极的影响效应。贺俊等（2017）通过对我国 2003～2013 年省级数据的研究则认为，财政转移支付的增长不仅直接导致了碳排放量的增加，而且通过工业产业比重的提升间接导致了碳排放量的增长，从而对环境质量产生直接和间接的影响。

从现有学术文献来看，从财政政策的角度研究环境治理的文献已经取得了有价值的成果，为本书的研究奠定了基础，但已有研究大多是从理论的角度进行分析，缺乏相关实证研究的支撑，关于财政转移支付对环境治理效应方面的研究目前极少，且仅限于省域层面。多年来，我国财政转移支付规模不断增长，其在环境保护、治理方面的作用不容忽视。因此，本部分将利用四川省县域面板数据，来实证检验和分析财政转移支付对于县域地方政府环保行为的影响，从而考察财政转移支付地区环境质量发展的影响效应。

4.4.1.2 理论逻辑

城镇化是人类社会发展的必然趋势，本质上它是随着人口向城镇集聚和城镇规模的扩大引起经济结构、社会结构和空间结构变迁的过程，在这一过程中，人类经济、社会活动集聚和结构变迁将会引起生态环境系统的结构和功能产生相应的变化（魏厚凯，2014）。改革开放以来，我国城镇化加速发展，过于注重工业化和追求经济增长，使得我国城镇化长期以来处于高扩张、高消耗、高排放的粗放型发展模式之中，在促进经济快速增长的同时，也加剧了环境污染，付出了沉重的环境代价，随着城镇人口规模的增加，有限的资源、环境承载能力与大量增长的消费需求之间的矛盾将是制约新型城镇化质量提高和可持续发展的瓶颈，区域生态环境质量的优劣也是衡量城镇化建设质量的重要方面。

政府作为城镇化建设的规划者和推动者，在生态环境治理中承担着主要的责任。生态公共产品具有强烈的外部性、非竞争性、非排他性、效用不可分割性的特点，决定了政府是生态公共产品的提供者。环境治理是一种正外部性活动，一个地区环境得到治理可以使相邻地区的环境也得到改善，地方政府对环境治理肩负着重要的责任，但外溢效应的存在，加上地区间经济发展的竞争，地方政府在环境治理中往往缺乏积极性。在环境治理的实践中，政府财政政策发挥着极为重要的作用，实行财政转移支付是国家促进地方政府加强环境保护与污染治理的一个重要途径，也是实现地区环境公平、各地区环境均衡发展的必然要求。我国财政转移支付用于环境治理的手段主要有两种:一是对消费者发放补助,对企业进行贴息,即财政补贴,通过直接或间接的补贴来正面激励、引导企业和公众的生产、消费行为,达到环境保护的目的;二是环境保护专项资金,主要用于污染防治、总量控制、农村环境保护等环保工作,除地方财政收入外,环境保护专项转移支付是地方政府用于环境保护和治理的主要资金来源。上级政府通过财政转移支付激励地方政府加强环境保护的方式有两种:一种是"奖励型";另一种是"惩罚型"。"奖励型"方式是通过纵向转移支付对改善生态环境作出贡献的地区进行财力补助,来增强地区间环境正外部性的供给,激发地方政府环境保护的积极性;"惩罚型"方式是通过对环境污染的地区进行惩罚,并对因污染而受损的地区进行补偿,从而形成横向转移支付,以此来遏制辖区间的负外部性,强化地方政府的环境治理责任(刘炯,2015)。财政转移支付通过这种"奖惩"激励,可以使地方政府在决策时权衡不同的成本和收益,从而促进地方政府在环境治理中增强责任感,作出有利于生态健康发展的决策,减少分权治理下产生的负面效应。

4.4.2 模型构建、变量选择与数据说明

4.4.2.1 模型构建

本部分主要利用四川省县级面板数据实证分析城镇化进程中转移支付对县域环境质量发展的影响,进而从生态环境发展的维度来反映转移支付对城镇化质量产生的影响效应。由于财政转移支付对于地区环境质量发展的影响主要是通过地方政府的环境保护和治理行为来实现的,地方政府用于环保的财政投入规模决定着其对本地环境治理的力度,直接影响着本地的环境质量,同时考虑到县级数据的可获得性,本部分将从地方政府环境保护财政投入的角度来考察城镇化进程中财政转移支付对地区环境质量的影响。为此,我们采用面板数据,建立如下计量模型:

$$EPI_{it} = \alpha_0 + \beta_1 Tran1_{it} + \beta_2 Tran2_{it} + \beta_3 Urb_{it}$$
$$+ \sum_{\sigma=1}^{n} \lambda_\sigma Contorl_{it} + \varepsilon_{it} \tag{4-5}$$

模型中，*EPI* 为被解释变量，表示地方政府环境保护财政投入；*Tran*1、*Tran*2、*Urb* 是解释变量，分别表示一般性转移支付、专项转移支付、城镇化率；*Contorl* 是控制变量；*i* 表示县（市）；*t* 表示年份；*ε* 是随机扰动项。进行模型估计时，为了克服可能产生的异方差问题，提高估计效果，除控制变量中的"扩权强县"改革虚拟变量之外，其他变量均采用原始数据的自然对数。

4.4.2.2　变量选择

（1）被解释变量。地方政府环境保护财政投入（*EPI*），以地方政府人均环境保护财政支出规模来度量，即地方政府环境保护财政支出/地区总人口。

（2）解释变量。一般性转移支付（*Tran*1）和专项转移支付（*Tran*2）。在我国中央对地方财政补助预决算体系中，税收返还是作为与财政转移支付并列的项目被提出的，因而在计算县（市）地方政府财政转移支付收入时，不包含税收返还性收入。同时，我国财政转移支付制度经过历年的调整和改革，目前主要包括两大类：一般性转移支付和专项转移支付，为了更真实地反映不同类型财政转移支付对县级政府环保投入的影响，在设定解释变量时，我们将两类财政转移支付项目分别进行统计，并采用人均水平来度量。另外需要说明的是，由于2008年四川省发生了"5·12"汶川大地震，对各区县市的财政转移支付中增设了地震灾后恢复重建补助项目，专门用于灾后恢复重建工作，随着重建工作的逐步完成，这一补助的规模也逐渐减少并取消，因此，我们在计算各县（市）的专项转移支付收入时没有将其纳入统计范围。城镇化率（*Urb*）表示城镇化水平越高的地方，工业发展和人口集聚程度越高，地区环境负担越重，越需要地方政府投入更多的财力加强环境治理，此处城镇化率采用非乡村人口占总人口的比重来表示。

（3）控制变量。为得到良好的拟合效果，真实地反映城镇化进程中各种因素对地方政府环保投入可能产生的影响，本部分还考虑了如下因素作为控制变量："扩权强县"改革虚拟变量（*Ref*），自2007年起，四川省开始逐批实行"扩权强县"改革试点工作，扩大试点县（市）的财政管理权限，为了捕捉政策改革因素对地方政府环境保护和治理行为带来的影响，我们根据改革的时间和试点范围，控制了"扩权强县"改革的虚拟变量，即改革当年及以后年度实行了"扩权强县"改革的试点县取值为1，改革前及未实行改革的县取值为0；政府一般预算收入（*BRev*），包括税收收入和非税收入，它是地方政府拥有的自有财力，地方政府财政收入越高，越能为本地环境治理提供较强的财力保障，此处我们以地区人均一般预算内财政收入来衡量；政府行政性支出（*GExp*），它是地方政府的消费性支出，在有限的财力水平下，如果政府用于行政管理方面的支出过多，则会影响政府在其他公共服务方面的财政供给，从而挤占地方政府用于环保的财政支出，此处我们用地区政府一般公共服务支出占预算内财政支出的比重来衡量县级政府的行政性支出规模；人口密度（*Den*），人口密度大的地区可能会较好地分摊环境治理的成本，从而对地方政府环境保护财政投入产生作用，它可以有效地捕捉地区间人口密度差异对地方政府环境治理的影响，此处我们以地区总人口与行政区域面积之比来表示。各变量的描述性统计如表4－9所示。

表4－9   各变量的描述性统计

变量	变量含义及说明	样本区域	平均值	标准差	最小值	最大值
EPI	人均地方政府环境保护财政投入（元）	全体	120.75	116.44	14.19	1043.90
		平原	90.25	44.55	14.19	228.47
		丘陵	80.55	57.86	15.26	363.46
		山区	204.68	163.81	27.26	1043.90
Tran1	一般性转移支付（元）	全体	1277.52	2316.63	172.02	43856.61
		平原	774.88	379.97	195.74	2224.08
		丘陵	1047.77	553.98	274.63	5121.78
		山区	1939.70	4010.76	172.02	43856.61
Tran2	专项转移支付（元）	全体	1049.79	1916.70	64.53	32411.86
		平原	882.89	460.90	166.49	2699.06
		丘陵	815.64	618.61	64.53	8455.29
		山区	1532.77	3282.88	125.26	32411.86

变量	变量含义及说明	样本区域	平均值	标准差	最小值	最大值
Urb	地区非乡村人口占总人口的比重	全体	0.2142	0.1103	0.0545	0.6651
		平原	0.2725	0.1349	0.1200	0.6700
		丘陵	0.2066	0.1015	0.0500	0.5000
		山区	0.1947	0.0993	0.0600	0.5300
Ref	改革当年及以后年度实行"扩权强县"改革的试点县取值为1，改革前及未实行改革的县取值为0	全体	0.61	0.49	0	1
		平原	0.43	0.50	0	1
		丘陵	0.75	0.43	0	1
		山区	0.47	0.50	0	1
BRev	地区人均政府一般预算收入（元）	全体	841.63	1007.28	57.75	7890.50
		平原	1930.36	1636.86	161.55	7890.50
		丘陵	483.25	354.93	67.67	2088.36
		山区	834.08	842.46	57.75	5352.06
GExp	地区政府一般公共服务支出占预算内财政支出的比重	全体	0.1101	0.0415	0.0216	0.2920
		平原	0.1290	0.0499	0.0300	0.2900
		丘陵	0.1087	0.0360	0.0400	0.2300
		山区	0.1020	0.0421	0.0200	0.2300
Den	人口密度（人/平方公里）	全体	470.30	251.83	19.00	1237.00
		平原	634.80	268.12	323.53	1237.44
		丘陵	579.46	157.07	174.54	992.44
		山区	196.97	118.04	18.63	406.82

4.4.2.3 数据来源及说明

根据2014年四川省各市（州）行政区划，四川省共拥有183个县级行政单位，其中市辖区49个、县级市14个、县116个、自治县4个，在这些县级行政单位中，各民族自治地方城镇化率普遍较低，而市辖区城镇化率则相对较高，特别是主城区城镇化已达到完全城镇化的水平，同时在进行扩大县域经济和财政管理权限改革过程中，市辖区和阿坝、甘孜、凉山民族自治地区的县（市）并不纳入改革的试点范围，为确保样本的同质性，我们进行样本选择时剔除了市辖区和民族自治州地区县（市）这两类样本，同时鉴于 2007 年我国政府财政预算收支科目分类进行了改革，统计口径前后发生了变化，因此本部分最终共选择 87 个县和县级市的 2007～2014 年面板数据作为样本集合进行实证分析，在这 87 个县级单位中，位于平原地区的县（市）有 15 个，位于丘陵地区的有 45 个，位于山区的县（市）有 27 个。在各类数据指标中，各县（市）政府环境保护财政投入、一般公共服务支出、一般性转移支付、专项转移支付、政府一般预算收入、一般预算财政支出数据来源于历年《四川统计年鉴》和四川省各相关部门；"扩权强县"改革试点县数据来源于《四川省人民政府关于开展扩权强县试点工作的实施意见》《四川省人民政府关于深化和扩大扩权强县试点工作的通知》《四川省人民政府关于进一步深化和扩大扩权强县试点改革的通知》。各地区年末总人口、非乡村人口数、行政区域面积数据来源于《中国县域统计年鉴》（2008～2015）。

4.4.3 实证检验及其结果分析

本节对模型进行回归时，我们仍然利用静态面板数据，按照前面的方法进行逐步回归，首先利用 F 检验判定模型是否存在个体固定效应，在固定效应模型和混合效应模型间进行选择，在对模型（4－5）进行估计时，F 检验的结果均在 1% 的显著水平上拒绝原假设，选择固定效应模型，然后利用豪斯曼检验在固定效应与随机效应模型间进行选择，结果显示，各回归均拒绝了随机效应模型，选择了固定效应模型，表 4－10 给出了最终的回归结果。

表 4－10   城镇化进程中财政转移支付对县级政府环境保护投资的影响

变量	县级政府环保投资（EPI）			
	（1）FE	（2）FE	（3）FE	（4）FE
Tran1	0.2936 *** (0.0332)	0.2246 *** (0.0351)	0.0013 (0.0495)	－0.0231 (0.0516)
Tran2		0.1363 *** (0.0263)	0.1496 *** (0.0268)	0.1237 *** (0.0305)

变量	县级政府环保投资（EPI）			
	(1) FE	(2) FE	(3) FE	(4) FE
Urb	0.1812 *** (0.0418)	0.1668 *** (0.0411)	0.1762 *** (0.0399)	0.1795 *** (0.0401)
Ref			0.3303 *** (0.0507)	0.3057 *** (0.0523)
BRev			0.1065 ** (0.0421)	0.1327 *** (0.0437)
GExp				− 0.1053 ** (0.0519)
Den				− 1.3971 * (0.7832)
F 检验	21.48 ***	19.67 ***	17.41 ***	9.56 ***
Hausman P	0.0000	0.0000	0.0000	0.0000
R^2_within	0.304	0.3336	0.3915	0.3981
样本量	696	696	696	696

注：括号中是系数对应的标准误；*** 、** 、* 分别表示1%、5%、10% 的显著性水平。

根据表 4 - 10，我们以地方政府人均环境保护财政支出作为被解释变量来考察地方政府环境保护财政投入（EPI）的力度，在第（1）个回归中仅将一般性转移支付（Tram1）和城镇化率（Urb）作为解释变量进行估计，此时一般性转移支付和城镇化率的系数均在 1% 的水平上显著为正，组内 R^2 为 0.3040；在第（2）个模型中，我们进一步加入了人均专项转移支付（Tran2）这一变量，三个解释变量与县级政府环保投资均有显著的正相关关系，模型的组内拟合优度增加到 0.3336；在第（3）个回归中继续加入"扩权强县"改革和政府一般预算收入（BRev）两个控制变量，此时一般性转移支付的影响变得不显著，其他变量均对被解释变量产生显著的正向影响，模型的拟合优度增加到 0.3915；在第（4）个回归中，我们进一步在前面基础上加入了所有的控制变量，此时，主要解释变量的影响没有发生大的变化，模型整体解释度增加到 0.3981，说明我们的估计相对稳健。从第（4）个回归结果可知，一般性转移支付对地方政府的环境保护财政投入没有产生显著影响，专项转移支付对地方政府环境保护财政投入产生了显著的正向影响，人均专项转移支付每增加1%，地方政府的环境保护财政投入将随之增加0.1237%，这可能是由于在财政转移支付中用于环境保护的资金主要为专项转移支付，一般性转移支付虽然对地方政府的环保投入产生了一定的促进作用，但效果并不显著；人口城镇化率的提高也显著促进了地方政府环保投入的增加，其影响弹性为0.1795，表明随着城镇化率的增长，县域生态环境污染存在加重的趋势，促使地方政府必须加大相应财政投入，以加强环境治理与保护；在控制变量中，"扩权强县"财政改革和政府一般预算财政收入均显著促进了县级政府环保投资的增加，其影响弹性分别为0.1327和0.3057，表明省对县级财政体制改革政策的实施和县级自有财力的增强都有利于促进地方政府加大本地环境保护力度；政府行政性支出规模在5%的显著水平上对地方政府的环境保护供给产生负向影响，其弹性为-0.1053，这表明在有限的县级财力水平下，地方政府行政性支出规模增大会使其降低在环保方面的财政供给；地区人口密度仅在10%的显著水平上对地方政府环保投资有影响，表明较大的人口密度在一定程度上可以降低环保投资成本，减少地方政府的环保投入，但对于县级区域来说，这种影响效应并不十分显著。

上述实证分析是基于全部样本回归结果而进行的，但由于不同区域之间地理特征不同，各地区的城镇化发展会呈现不同的特点，地方政府在进行环境治理与保护时所付出的资金成本也会存在很大差异，可能使得不同地区地方政府的环境治理效率产生差异，进而影响各地区环境质量发展的均衡性，由此，我们同样按照地理特征将所选取的四川省全部县级样本划分为平原、丘陵和山区，分地区进行回归，回归结果如表4-11所示。

表4-11　城镇化进程中财政转移支付对县级政府环境保护投资影响的分地区回归结果

变量	县级政府环境保护财政投入（EPI）		
	平原	丘陵	山区
	（1）RE	（2）FE	（3）RE
Tran1	-0.0036 (0.1393)	0.0121 (0.103)	0.0535 (0.0568)

续表

变量	县级政府环境保护财政投入（EPI）		
	平原	丘陵	山区
	（1）RE	（2）FE	（3）RE
Tran2	0.1558 （0.1216）	0.2042 *** （0.0555）	0.0677 * （0.0352）
Urb	0.3466 *** （0.1168）	0.159 *** （0.0546）	0.0556 （0.0613）
Ref	−0.0633 （0.1469）	0.3125 *** （0.0685）	0.2441 *** （0.0731）
BRev	0.092 （0.1085）	0.0453 （0.0917）	0.1629 *** （0.0449）
GExp	−0.1055 （0.1262）	−0.1364 （0.0916）	−0.061 （0.0724）
Den	−0.2541 （0.2577）	−1.2102 （1.1725）	−0.6279 *** （0.0863）
F 检验	3.76 ***	10.66 ***	11.19 ***
Hausman P	0.2697	0.0000	0.1564
R^2_within	0.2977	0.4268	0.4819
样本量	120	360	216

注：括号中是系数对应的标准误；*** 、** 、* 分别表示1%、5%、10%的显著性水平。

从分地区回归结果可以看出，主要解释变量对平原、丘陵和山区三个地区县级政府的环保投资产生的影响效应存在着一定的差异。其中，一般性转移支付（Tran1）对三个地区县级政府的环保投资均未产生显著的影响，这表明省对县的一般性转移支付没有显著促进县级政府增强本地区环境保护的力度；专项转移支付（Tran2）对四川省平原地区县级政府的环保投资力度没有产生显著影响，对丘陵地区县级政府的环保投资产生了非常显著的正向影响，其影响弹性系数为0.2042，对山区县级政府的环保投资力度仅在10%的显著水平上产生正向影响，其弹性系数为0.0677，这表明专项转移支付对县域地方政府环保投资产生的影响效应主要来自丘陵地区，其对平原和山区地方政府环保投资的影响是相对缺乏弹性的；城镇化率（Urb）对山区的县级政府环保投资没有产生显著影响，对平原和丘陵地区县级政府环保投资均在1%的显著水平上产生正向影响，其弹性系数分别为0.3466和0.159，这表明随着近年来城镇化的快速推进，平原和丘陵地区工业获得大力发展，环境污染加重，增加了社会环境成本，使得县级地方政府用于环境保护的财政支出也大大增加。在控制变量中，"扩权强县"改革（Ref）对平原地区县级政府环保财政投资没有产生显著影响，对丘陵和山区县域环保投资均产生了非常显著的正向影响，这表明省对县财政改革政策的实施对于不同区域环保治理产生的影响效应也存在着很大的差异。

根据本节上述实证分析，得出结论如下。

（1）在城镇化进程中，财政转移支付对县域环境质量发展有促进作用，但其影响效应有待提高。从全样本和分地区的回归结果可以看出，在财政转移支付中，一般性转移支付对县域环境保护投资没有显著的影响，专项转移支付虽然能够显著促进县域环境保护的投资，但其影响弹性并不大，且影响效应主要体现在丘陵地区。

（2）在城镇化进程中，人口城镇化率的增长提高了县级政府的环保财政投入，不同区域影响效应存在差异。从本节计量模型的回归结果可以看出，随着乡村人口向城镇的聚集，地区环境负担有所加重，会促使地方政府增加本地环保投入，但不同区域地理特征和城镇化水平不同，所产生的影响效应也会存在差异，人口城镇化水平的提高显著促进了平原和丘陵地区县级政府增加环境保护投入，而对山区县级政府的环保投入没有产生显著影响。

（3）财政政策的实施有利于地区环境质量发展，不同区域之间其实施效应存在差异。从上述两类样本区间的回归分析可以看出，财政转移支付和"扩权强县"财政改革政策的实施都能够促进县级政府增加本地环保投入，从而有利于地区环境质量优化，但其在不同区域间的实施效果存在很大差异，因而，在财政政策制定和实施时应当考虑当地实际，做到因地制宜，避免一刀切，使财政政策发挥最大效用。

4.5 城镇化进程中经济增长、公共服务、生态环境与财政转移支付

4.5.1 理论分析

系统论的观点认为，任何系统都是由内部各要素相互联系组成的有机整体，其组成部分间相互联系、相互作用、相互影响，在动态的运动过程中共同发展，从而保持系统整体的动态稳定性。根据美国福雷斯特（Forrester J. W.）于1956年创立的系统动力学思想，可以把相互区别但又关联和具有影响关系的多个作用因子构成一个系统的驱动力集（魏厚凯，2014）。城镇化是一个动态的过程，在这一过程中，人口、社会、经济、环境、自然等各子系统组成了一个整体的"驱动力"集，其中任一因子的变化都会影响其他因子的运行和城镇化的整体质量水平，各因子间相互影响、协调发展、作用与耦合，从而引起社会关系、经济发展、城乡生态环境、土地资源利用等各个方面变化，共同推动着城镇化过程中整体系统的发展与前进。

从前面我们所提炼的衡量城镇化发展质量的经济、社会和生态环境三个维度来看，其中任何一个维度的变化和发展既离不开其他维度的推动，同时也影响着其他维度的运行。

首先，从经济质量发展与社会公共服务事业发展的关系来看，人是社会发展的核心要素，社会公共服务事业的发展关系到人民的切身利益、生活条件的改善和人口质量的提升，在城镇化过程中，地区经济水平提升，经济结构的优化和经济总量的增长使得地区经济能力提高，一方面，能够为地区财政实力增强提供收入来源，意味着地方政府将拥有必要的财力提供公共服务，从而为本地公共服务的供给提供必要而充足的财力保障；另一方面，随着经济水平的提高，人们对公共服务的需求也会增加，这对于地方政府加大公共服务供给也起到了一定的推动作用，从而促进社会和谐进步。反之，在生产要素可以自由流动的情况下，社会公共服务事业的发

展能够吸引劳动力和资本流入，从而有利于推动本地经济发展。

其次，从经济发展与生态环境的关系来看，城镇化进程中引起环境质量变化的原因主要基于两个方面：一方面，人类生产和消费活动需要从自然系统中不断获取物质能源，从而改变环境的物质结构；另一方面，人类的生产和消费活动产生的大量废弃物排放到自然界，从而引起环境质量的变化。因此，人类的活动是造成自然环境变化的根本起点。城镇化过程中人口大规模向城镇集聚，推动城镇土地开发，引起产业结构变化、产业规模扩大和经济总量积累，在这一过程中若过分追求经济量的增长而忽视产业结构的优化升级，则会导致粗放型发展，资源过度开发利用、高污染、高排放，造成环境不断恶化，但若在环境承载力许可的条件下，以及资源环境适度开发利用的情况下，地区经济增长、产业升级则有利于本地政府财政实力增强，可以为进一步的环境保护与治理提供有力的财力保障，因此，从不同角度出发，经济发展会对环境质量产生不同的影响效应。地方政府加强环境保护力度，提升地区环境质量水平，创造良好的生活空间环境，可以吸引劳动力向本地转移，人力资本的增加是促进地区经济发展的重要因素。

最后，从社会公共服务与生态环境的关系来看，人在本质上是自然界的一部分，人与自然必须和谐相处才能共同发展，生态环境的优化可以改善人们工作生活的自然环境，政府加强环境保护和污染治理，可以提高人们生活居住的舒适度，从而促进人与自然的和谐，也有利于社会的进步，但是从公共管理学的角度来看，社会公共服务的供给和环境保护与治理的投资主体都是地方政府，在有限的地区财力水平下，具有财政自主权的地方政府在公共投资中会优先选择紧迫和必须发展的项目进行投资，当上级政府对环境保护治理较为重视和辖区居民对环境污染投诉较多时，地方政府可能会提高对环境的治理效果（张玉，2014），从而加大环保投资力度，减少用于社会公共服务项目的投资，因而从这个角度来看，政府加强环境治理对于地方公共服务事业的发展产生的影响可能是负面。反之，社会公共服务事业发展对生态环境质量产生的影响可以从两个角度进行分析：第一，从社会需求的角度来看，随着城镇化的发展，全社会的消费需求也会进一步扩大、升级，随着经济发展和人们生活水平的提高，人们对于教育、文化、医疗保健、道路交通等公共服务水平的提高会提出新的要求，需求增加进一步拉动供给，要求地方政府提高服务供给水平，人们对于健康的追求和良好生活环境重视也会加强对周边环境质量的监督，从而推动本地政府加强环境污染治理与保护。第二，从政府投资的角度来看，在地方政府有限的财力水平下，政府若用于行政消费和社会公共服务项目的投资较多，则用于环境治理与保护的财政资金可能会不足，降低投资力度，从而对环境质量发展会产生不利的影响。

城镇化过程不仅是一个系统的工程，而且具有阶段性和区域性特征，在城镇化进程中，政府起着重要的引导和推动作用，无论是经济的增长，还是社会公共服务事业的发展、生态环境质量的改善，都离不开政府的推动和参与，政府通过提供各类公共服务来促进城镇化建设各个环节的发展。然而，在我国分权体制下，政府间财力纵向、横向不平衡，地方政府尤其是贫困地区和县以下基层政府财力不足严重制约着其职能的发挥，这也是影响我国公共服务均等化和区域均衡协调发展的一个重要因素。地方政府财政自主权与事权责任不对称，导致我国地方政府特别是县以下基层政府公共服务支出很大程度上依赖于上级财政转移支付。作为国家对地方政府实施宏观调控重要的财政手段和工具，一方面，财政转移支付可以提高经济落后地区政府的财力水平，维护机构正常运行和提供必要的公共服务；另一方面，财政转移支付也可以对具有正外部性的公共产品进行融资，分担公共服务的供给成本，引导地方政府增加相应投入，有效地解决一些公共产品供给不足的问题，因此，在城镇化进程中，财政转移支付对于地区经济、社会和生态环境各个环节的发展起着重要的作用，它不仅为地区各方面发展提供重要的经济和财力支持，而且起着重要的引导和调节作用。

4.5.2 模型构建、变量选择与数据说明

4.5.2.1 模型构建及变量选择

通过上述分析我们可知，在城镇化进程中，不仅中央财政转移支付对衡量地区城镇化发展质量的经济、社会、生态环境三个维度产生了直接影响，而且各个维度之间也相互关联并互相影响，在城镇化快速发展的背景下，为反映各维度之间产生的交互影响效应及其与中央财政转移支付的关

系，我们进一步建立如下联立方程模型进行分析：

$$PGDP_{it} = \alpha_0 + \alpha_1 SSP_{it} + \alpha_2 EPI_{it} + \alpha_3 Tran_{it} + \alpha_4 Urb_{it} + \alpha_5 Ref_{it}$$
$$+ \alpha_6 MInv_{it} + \alpha_7 Edu_{it} + \alpha_8 Pop_{it} + \varepsilon_{it} \qquad (4-6)$$

$$SSP_{it} = \beta_0 + \beta_1 PGDP_{it} + \beta_2 EPI_{it} + \beta_3 Tran_{it} + \beta_4 Urb_{it} + \beta_5 Ref_{it}$$
$$+ \beta_6 BRev_{it} + \beta_7 GExp_{it} + \beta_8 Pop_{it} + \mu_{it} \qquad (4-7)$$

$$EPI_{it} = \gamma_0 + \gamma_1 PGDP_{it} + \gamma_2 SSP_{it} + \gamma_3 Tran_{it} + \gamma_4 Urb_{it} + \gamma_5 Ref_{it}$$
$$+ \gamma_6 BRev_{it} + \gamma_7 GExp_{it} + \gamma_8 NAgr_{it} + \gamma_9 Den_{it} + \sigma_{it} \qquad (4-8)$$

在联立方程组模型中，下标 i 表示县（市），t 表示年份；$PGDP$、SSP、EPI 分别表示地区经济水平、社会公共服务水平、政府环境保护财政投入；$Tran$、Urb、Ref、$MInv$、Edu、Pop、$BRev$、$GExp$、$NAgr$、Den 分别表示地区人均净转移支付、城镇化率、"扩权强县"改革、物质资本投资、人力资本状况、人口规模、政府一般预算收入、政府行政性支出、非农产业比重、人口密度；ε、μ、σ 分别是各方程的随机扰动项。进行模型估计时，为了消除可能产生的异方差以及量纲问题，提高估计效果，变量中除"扩权强县"改革虚拟变量之外，其他变量均采用原始数据的自然对数。

4.5.2.2　变量定义及描述

地区经济水平（$PGDP$）。根据上述实证分析，我们在衡量城镇化过程中的经济发展质量时选择了人均 GDP 和非农产业比重两个指标，产业结构的变化最终是以量的形式体现的，第二、第三产业比重增加必然带来地区产值的增长，因而，此处我们仅选择地区人均 GDP 水平来衡量当地经济发展水平，同时为消除通货膨胀因素的影响，我们以 2004 年为基期（2004 = 100），利用人均 GDP 指数对该指标数据进行平减处理，从而得到实际值。

社会公共服务水平（SSP）。各类社会公共服务主要是由政府部门来供给的，各地区地方政府对公共服务的供给水平直接决定了本地公共服务事业的发展水平，此处我们以地区人均文教卫社保交通运输财政支出作为代理变量来衡量该地区社会公共服务的整体发展水平，即地方政府文体传媒、教育、医疗卫生、社会保障和交通运输五项支出之和与地区总人口之比。

政府环境保护财政投入（EPI）。环境保护是一种具有正外部效应的行为，地方政府对环境保护的重视程度和投入力度直接决定着本地环境质量的优劣，此处我们以地方政府人均环境保护财政支出来衡量该地区的环保力度，从而考察地区环境质量情况。

地区人均净转移支付（*Tran*）。在我国中央对地方财政补助预决算体系中，税收返还是作为与财政转移支付并列的项目被提出的，因而在计算县（市）地方政府财政转移支付收入时，不包含税收返还性收入，同时，为反映县（市）获得上级财政转移支付的真实情况，在除去各项上解支出后，此处采用地区人均净转移支付收入额来进行衡量。

城镇化率（*Urb*）。城镇化过程中人口向城镇的集中会带来一定的集聚效应，此处以非乡村人口占总人口的比重来表示。

"扩权强县"改革（*Ref*）。自2007年起，四川省开始逐批实行"扩权强县"改革试点工作，扩大试点县（市）的经济管理权限，以促进县域经济发展，为了捕捉政策改革带来的影响，我们选取了"扩权强县"改革虚拟变量，根据改革的时间和试点范围，将改革当年及以后年度实行了"扩权强县"改革的试点县取值为1，改革前及未实行改革的县取值为0。

物质资本投资（*MInv*）。作为地方经济发展的物质基础，物质资本投资是实现经济增长的构成要素，此处用地区全社会固定资产投资占GDP的比重来衡量。

人力资本状况（*Edu*）。人力资本投入是实现技术创新、促进地区经济发展的另一重要因素（Romer，1986；Lucas，1988），由于所要研究的样本县（市）缺乏中、高等学校统计数据，此处我们以普通中学和小学在校生人数占总人口的比重来反映地区人力资本的发展状况。

人口规模（*Pop*）。此处以各地区年末总人口数来衡量地区人口规模因素。

政府一般预算收入（*BRev*）。包括税收收入和非税收入，此处以地区人均一般预算内财政收入来衡量，它是地方政府的自有财力，是地方政府正常运转、为本地提供公共服务的稳定的财政资源。

政府行政性支出（*GExp*）。它是地方政府的消费性支出，也体现了政府的规模，此处以地方政府一般公共服务支出占预算内财政支出的比重来衡量。

非农产业比重（*NAgr*）。以非农产业增加值占GDP比重来衡量。

人口密度（*Den*）。人口密度以地区总人口与行政区域面积之比来表示。

各变量的描述性统计如表4-12所示。

表4-12　　　　　　　　　　　　各变量的描述性统计

变量	变量含义及说明	样本区域	平均值	标准差	最小值	最大值
PGDP	地区人均GDP值（元）	全体	38703.29	94542.08	3572.97	813836.10
		平原	29252.58	11436.28	9419.31	59101.24
		丘陵	53211.26	127252.60	3662.63	813836.10
		山区	19773.75	31932.48	3572.97	244505.70
SSP	地区社会公共服务水平（元）	全体	1478.91	893.78	398.97	11030.51
		平原	1524.01	704.11	468.08	3689.45
		丘陵	1259.05	575.17	398.97	2958.16
		山区	1820.28	1247.55	455.40	11030.51
EPI	地区人均政府环境保护财政投入（元）	全体	120.75	116.44	14.19	1043.90
		平原	90.25	44.55	14.19	228.47
		丘陵	80.55	57.86	15.26	363.46
		山区	204.68	163.81	27.26	1043.90
Tran	地区人均净转移支付额/总人口（元）	全体	2664.59	3561.22	249.16	47806.10
		平原	2324.18	1791.35	249.16	9500.96
		丘陵	1971.98	1043.33	607.31	11015.89
		山区	4008.07	5892.48	482.20	47806.10
Urb	地区非乡村人口占总人口的比重	全体	0.2142	0.1103	0.0545	0.6651
		平原	0.2724	0.1342	0.1159	0.6651
		丘陵	0.2067	0.1014	0.0545	0.5004
		山区	0.1944	0.0991	0.0625	0.5267
Ref	改革当年及以后年度实行了"扩权强县"改革的试点县取值为1，改革前及未实行改革的县取值为0	全体	0.6092	0.4883	0	1
		平原	0.4333	0.4976	0	1
		丘陵	0.7528	0.4320	0	1
		山区	0.4676	0.5001	0	1
MInv	地区全社会固定资产投资占GDP的比重	全体	0.8019	0.4734	0.0203	5.8974
		平原	0.8562	0.3667	0.0753	2.0379
		丘陵	0.6792	0.2683	0.0203	2.1690
		山区	0.9761	0.6873	0.2426	5.8974

变量	变量含义及说明	样本区域	平均值	标准差	最小值	最大值
Edu	普通中学和小学在校生人数占总人口的比重	全体	0.1098	0.0265	0.0522	0.1892
		平原	0.0928	0.0196	0.0645	0.1622
		丘陵	0.1069	0.0241	0.0566	0.1860
		山区	0.1243	0.0264	0.0522	0.1892
Pop	地区年末总人口数（万人）	全体	67.59	38.52	5.80	162.60
		平原	57.58	18.98	30.00	101.00
		丘陵	85.98	40.49	16.00	162.60
		山区	42.48	24.59	5.80	91.00
BRev	地区人均政府一般预算内收入（元）	全体	841.63	1007.28	57.75	7890.50
		平原	1930.36	1636.86	161.55	7890.50
		丘陵	483.25	354.93	67.67	2088.36
		山区	834.08	842.46	57.75	5352.06
GExp	地区政府一般公共服务支出占预算内财政支出的比重	全体	0.1101	0.0415	0.0216	0.2920
		平原	0.1288	0.0500	0.0270	0.2920
		丘陵	0.1089	0.0358	0.0359	0.2310
		山区	0.1019	0.0421	0.0216	0.2322
NAgr	非农产业增加值占GDP比重	全体	0.7635	0.0906	0.4800	0.9600
		平原	0.8431	0.0673	0.6300	0.9600
		丘陵	0.7359	0.0763	0.4800	0.9100
		山区	0.7654	0.0975	0.5000	0.9300
Den	人口密度（人/平方公里）	全体	470.30	251.85	18.63	1237.44
		平原	634.80	268.12	323.53	1237.44
		丘陵	579.46	157.07	174.54	992.44
		山区	196.97	118.04	18.63	406.82

4.5.2.3　数据来源及说明

根据行政区划，2014年四川省共拥有183个县级行政单位，在这些县级行政单位中，各民族自治地方城镇化率普遍较低，而市辖区城镇化率则相对较高，特别是主城区城镇化已达到完全城镇化的水平，同时在进行扩大县域经济和财政管理权限改革过程中，市辖区和阿坝、甘孜、凉山民族自治地区的县（市）并不纳入改革的试点范围，为确保样本的同质性，我们进行样本选择时剔除了市辖区和民族自治州地区县（市）这两类样本，同时鉴于2007年我国政府财政预算收支科目分类进行了改革，统计口径前后发生了变化，因此，本部分最终选择87个县和县级市的2007～2014年面板数据作为样本集合进行实证分析，在这87个县级单位中，位于平原地区的县（市）有15个，位于丘陵地区的有45个，位于山区的县（市）有27个。在各类数据指标中，各县（市）地区GDP，地区人均GDP，非农产业增加值，政府一般预算收入，全社会固定资产投资，文教卫社保支出，交通运输支出，政府环境保护支出，一般公共服务支出，政府一般预算收入，一般预算财政支出数据来源于历年《四川统计年鉴》和四川省各相关部门；各地财政转移支付收入、地方上解支出数据来源于《全国地市县财政统计资料》（2007～2009）以及四川省各相关部门（2010～2014）；"扩权强县"改革试点县数据来源于《四川省人民政府关于开展扩权强县试点工作的实施意见》《四川省人民政府关于深化和扩大扩权强县试点工作的通知》《四川省人民政府关于进一步深化和扩大扩权强县试点改革的通知》。各地区年末总人口、非乡村人口数、中小学在校生人数、行政区域面积数据来源于《中国县域统计年鉴》（2008～2015）。

4.5.3 实证检验及结果分析

4.5.3.1 平稳性检验

在对模型进行估计之前，为了避免伪回归，得到有效的参数估计值，首先需对各个变量进行单位根检验，了解变量的平稳性，为此，我们对各变量取对数后进行了LLC检验、Fisher－ADF检验和IPS检验，检验结果如图4－13所示，结果表明各变量均体现出平稳性。

表4-13   变量的面板单位根检验

检验序列	LLC 检验	Fisher - ADF 检验	IPS 检验	结论
ln$PGDP$	-17.5382 ***	44.0132 ***	-2.8028 **	平稳
lnSSP	-13.9871 ***	19.4456 ***	-4.1931 ***	平稳
lnEPI	-16.7493 ***	27.1231 ***	-6.0993 ***	平稳
ln$Tran$	-16.6437 ***	11.7109 ***	-3.8318 **	平稳
lnUrb	-60.6328 ***	42.1359 ***	-3.8648 **	平稳
ln$MInv$	-24.0762 ***	30.8755 ***	-31.5219 ***	平稳
lnEdu	-24.96 ***	4.3786 ***	-7.3035 ***	平稳
lnPop	-20.914 ***	32.7916 ***	-9.5833 ***	平稳
ln$BRev$	-13.093 ***	29.179 ***	-6.2951 ***	平稳
ln$GExp$	-18.2752 ***	32.1541 ***	-32.4857 ***	平稳
ln$NAgr$	-60.134 ***	41.2442 ***	-3.681 **	平稳
lnDen	-3.3025 **	54.6574 ***	-34.2914 ***	平稳

注：***、**、*，分别表示在1%、5%、10%的显著性水平上拒绝存在单位根的原假设。

4.5.3.2 估计结果及分析

采用联立方程模型进行实证估计必须首先判断各方程的可识别性，通过检验联立方程组中模型（4-6）、模型（4-7）、模型（4-8）可以发现，阶条件和秩条件均成立，三个方程工具变量的个数均大于其内生解释变量个数。对于过度识别的联立方程通常可采用两阶段最小二乘法（2SLS）和三阶段最小二乘法（3SLS）进行估计，当解释变量中含有内生变量时，3SLS 方法比2SLS 更为有效（李子奈，1992；陈强，2014），因此，为对模型进行系统的估计，我们选择了三阶段最小二乘法（3SLS）进行估计。此外，考虑到面板数据截面维度的差异性，在估计时我们添加了个体固定效应。估计结果如表4-14~表4-17所示。

（1）全体样本层面估计结果。根据所选取的样本区间，我们首先对全体样本进行了3SLS 估计，其结果如表4-14所示。从估计结果可以看出，地区经济水平（$PGDP$）与社会公共服务水平（SSP）之间、社会公共服务水平（SSP）与政府环境保护财政投入（EPI）之间均存在双向因果关系。地区人均GDP 每增加1%将促进当地政府社会公共服务支出增加1.6185%；

反之，县级政府社会公共服务支出每增加1%将促进当地人均 GDP 增长
0.8590%；社会公共服务与环境保护之间相互产生显著的负向影响，县级
政府环境保护投入每增加1%将使其社会公共服务支出减少 0.3646%，而
县级政府社会公共服务支出每增加1%，则将使其对环境保护的投入减少
2.0582%。经济水平与政府环境保护投入之间不存在双向因果关系，经济
水平对地区政府环境保护投入存在显著正向影响，人均 GDP 每增长1%将
促进当地县级政府环境保护财政投入增加 3.2762%，而地区政府环境保护
投入力度对当地经济增长并没有显著影响。

表4-14 全体样本的联立方程估计结果

变量	PGDP 方程	SSP 方程	EPI 方程
PGDP		1.6185 *** (0.3191)	3.2762 *** (0.8941)
SSP	0.8590 *** (0.0438)		-2.0582 *** (0.4672)
EPI	0.0668 (0.1173)	-0.3646 * (0.2020)	
Tran	0.2904 *** (0.0173)	0.3094 *** (0.0454)	0.6437 *** (0.1474)
Urb	-0.0068 (0.0229)	0.0256 (0.0447)	0.1049 * (0.0619)
Ref	-0.0224 (0.0306)	0.0673 (0.0572)	0.1885 *** (0.0568)
MInv	0.0575 *** (0.0200)		
Edu	0.0364 (0.0461)		
Pop	-0.1526 (0.3074)	0.1501 (0.3115)	
BRev		-0.1519 (0.1316)	-0.2646 (0.2395)

变量	PGDP 方程	SSP 方程	EPI 方程
GExp		− 0. 0472 （0. 0542）	− 0. 1472 * （0. 0896）
NAgr			0. 277 （0. 3131）
Den			− 0. 6442 （0. 4879）
observations	696	696	696

注：括号中是系数对应的标准误；***、**、* 分别表示1%、5%、10%的显著性水平。

在经济水平（PGDP）方程中，人均净转移支付（Tran）对县域经济发展水平产生了显著的正向影响，人均净转移支付每增加1%将促进县域人均GDP增长0.2904%，物质资本投资（MInv）对经济增长产生了显著的正向影响，城镇化率（Urb）、"扩权强县"改革（Ref）及其他变量对经济增长均未产生显著影响。在社会公共服务水平（SSP）方程中，人均净转移支付（Tran）对县域公共服务投资产生了显著的正向影响，人均净转移支付每增加1%，将促进县级政府公共服务支出增加0.3094%，城镇化率（Urb）、"扩权强县"改革（Ref）及其他变量对社会公共服务投资没有产生显著的影响。在政府环境保护财政投入（EPI）方程中，人均净转移支付（Tran）对政府环境保护财政投入产生了显著的正向影响，上级人均净转移支付每增加1%将促使县级政府环境保护支出增加0.6437%；城镇化率（Urb）在10%的显著性水平上对环境保护产生正向影响，其影响弹性为0.1049；"扩权强县"改革（Ref）对县级政府增大环境力度也起到了显著的促进作用；政府行政性支出规模对环境保护支出在10%的显著性水平上产生显著负向影响，其影响弹性为−0.1472，表明县级政府行政性支出规模增加在一定程度上制约了其对环境保护的投入力度；政府财政收入、非农产业规模等其他变量对环境保护没有产生显著的影响。

（2）分地区样本层面估计结果。四川地区地势多样，根据不同的地理特征，我们将全体样本划分为平原、丘陵、山区三类，进一步对不同区域样本进行3SLS估计，检验其影响结果。估计结果如表4−15、表4−16、

表 4 – 17 所示。从分地区样本检验的估计结果可以看出，不同地区产生的影响效应存在很大差异。

表 4 – 15   平原地区样本数据的联立方程估计结果

变量	PGDP 方程	SSP 方程	EPI 方程
PGDP		0.9627 *** (0.2369)	0.2035 (0.9567)
SSP	0.7742 *** (0.075)		−0.3757 (0.5269)
EPI	0.0308 (0.1154)	−0.0244 (0.183)	
Tran	0.2853 *** (0.0318)	0.3394 *** (0.0482)	0.0621 (0.2367)
Urb	−0.0375 (0.0637)	0.075 (0.0982)	0.4775 *** (0.156)
Ref	0.034 (0.0976)	−0.0559 (0.1424)	0.0566 (0.2874)
MInv	0.036 (0.0244)		
Edu	−0.1518 (0.1497)		
Pop	−0.2938 (0.7564)	0.5675 (1.0976)	
BRev		0.1023 (0.1157)	0.2329 (0.4128)
GExp		0.0115 (0.0739)	−0.3588 * (0.2093)
NAgr			1.5442 (2.6075)
Den			−5.3103 * (2.888)
observations	120	120	120

注：括号中是系数对应的标准误；*** 、** 、* 分别表示1% 、5% 、10% 的显著性水平。

表 4 – 16   丘陵地区样本数据的联立方程估计结果

变量	PGDP 方程	SSP 方程	EPI 方程
PGDP		0.5861 (0.5311)	– 16.5492 (13.5178)
SSP	0.8652 *** (0.0384)		1.9561 (10.3781)
EPI	0.0408 (0.0803)	– 0.0093 (0.0823)	
Tran	0.2399 *** (0.0343)	0.3688 *** (0.1135)	0.3211 ** (0.3568)
Urb	0.0085 (0.0184)	– 0.01 (0.0192)	0.5727 * (0.3385)
Ref	– 0.0152 (0.026)	0.0215 (0.0284)	0.4152 (0.3213)
MInv	– 0.0109 (0.0199)		
Edu	– 0.028 (0.0373)		
Pop	– 0.742 * (0.415)	0.833 * (0.4359)	
BRev		0.236 (0.2198)	5.1476 (4.3963)
GExp		0.0161 (0.0606)	2.095 * (1.1163)
NAgr			9.5868 ** (4.2433)
Den			– 11.5236 (8.21)
observations	360	360	360

注：括号中是系数对应的标准误；***、**、*分别表示 1%、5%、10% 的显著性水平。

表4-17   山区样本数据的联立方程估计结果

变量	PGDP 方程	SSP 方程	EPI 方程
PGDP		1.3542 *** (0.1783)	-2.2662 ** (0.9714)
SSP	0.9032 *** (0.0885)		1.3489 ** (0.5464)
EPI	-0.2917 (0.283)	0.1859 (0.1809)	
Tran	0.2728 *** (0.0311)	0.2742 *** (0.0474)	-0.1595 (0.1757)
Urb	-0.0073 (0.0313)	0.0003 (0.0424)	0.0943 (0.07894)
Ref	0.076 (0.0752)	-0.0667 (0.0655)	0.3206 *** (0.0748)
MInv	0.0613 (0.0518)		
Edu	-0.0216 (0.071)		
Pop	1.2465 * (0.6675)	-1.8054 ** (0.816)	
BRev		-0.0762 (0.0615)	0.3236 ** (0.1612)
GExp		-0.0201 (0.033)	0.163 (0.1161)
NAgr			0.4176 (0.4943)
Den			1.6459 (1.1244)
observations	216	216	216

注：括号中是系数对应的标准误；*** 、 ** 、 * 分别表示1%、5%、10%的显著性水平。

从平原地区样本估计结果来看，县域经济增长与公共服务之间存在双向因果关系，平原地区县域人均 GDP 每增长 1% 可促进当地政府社会公共服务支出增加 0.9627%，县级政府社会公共服务支出每增加 1% 也可促进当地人均 GDP 增长 0.7742%。平原地区县域经济增长与环境保护之间、社会公共服务与环境保护之间相互不存在显著的影响。上级财政转移支付对县级政府环境保护支出没有产生显著影响，对县域人均 GDP 和社会公共服务均产生了显著的正向影响，其影响弹性分别为 0.2853 和 0.3394；人口城镇化率仅对政府环境保护支出产生了显著正向影响，其影响弹性为 0.4775，对县域经济增长和社会公共服务均未产生显著影响；"扩权强县"改革对县域经济增长、社会公共服务和环境保护均未产生显著影响；在其他变量中，政府环境保护财政投入（EPI）方程中政府行政性支出和人口密度两个变量对县级政府环境保护财政投入在 10% 的显著性水平上产生了负向影响，其余各变量在方程中均未产生显著影响。

从丘陵地区样本估计结果来看，经济水平、社会公共服务、政府环境保护财政投入三个变量之间均不存在双向因果关系，仅社会公共服务对经济水平产生了显著的正向影响，其影响弹性为 0.8652。上级人均净转移支付对县域经济水平、政府社会公共服务支出和环境保护投入均产生了显著的正向影响，其影响弹性分别为 0.2399、0.3688 及 0.3211。人口城镇化率对县域经济水平和政府社会公共服务支出均未产生显著影响，对政府环境保护财政投入在 10% 的显著性水平上产生了显著的正向影响，其影响弹性为 0.5727。在其他变量中，政府环境保护财政投入（EPI）方程中政府行政性支出规模在 10% 的显著性水平上对县级政府环保投入产生了正向影响，其影响弹性为 2.0950，非农产业规模在 5% 的显著性水平上对县级政府环境保护投入产生了显著影响，影响弹性为 9.5868，其余各变量在方程中对被解释变量均未产生显著影响。

从山区样本的估计结果来看，县域经济水平与政府社会公共服务支出之间存在双向因果关系，两者相互之间存在显著的正向影响，县域人均 GDP 每增长 1% 将促进县级政府社会公共服务支出增加 1.3542%，而政府社会公共服务支出每增加 1% 也将促进县域人均 GDP 增长 0.9032%。经济水平与政府环境保护财政投入之间、社会公共服务与政府环境保护财政投入之间不存在双向因果关系。县级政府环境保护财政投入对经济增长没有产生显著影响，而县域经济增长对政府环境保护财政投入则产生了显著的负向影响，其影响弹性为 -2.2662，表明在山区环境压力小，经济相对落后，地方政府可能将更多的财力资源用于发展经济，从而减少了对环境保护的财政投入。县级政府环境保护财政投入对社会公共服务支出没有产生显著的影响，政府社会公共服务支出对政府环境保护财政投入则产生了显著的正向影响，其影响弹性为 1.3489，表明地方政府加大社会公共服务投资在一定程度上能够带动地区环保力度的增强。上级人均净转移支付对县级政府环境保护财政投入没有产生显著影响，对县域经济增长和社会公共服务支出均产生了显著的正向影响，其影响弹性分别为 0.2728 和 0.2742。人口城镇化率对县域经济水平、社会公共服务支出、政府环境保护均未产生显著的影响。"扩权强"财政改革对经济水平和社会公共服务支出没有产生显著的影响，对政府环境保护财政投入产生了显著的正向影响，其影响弹性为 0.3206。在其他变量中，人口规模对县域经济增长在 10% 的显著性水平上产生正向影响，影响弹性为 1.2465，对政府社会公共服务支出在 5% 的显著性水平上产生负向影响，其弹性为 -1.8054；地方政府一般预算财政收入对政府社会公共服务支出没有产生显著影响，对政府环境保护财政投入在 5% 的显著性水平上产生了正向影响，影响弹性为 0.3236；其余各变量在方程中均未产生显著影响。

综合本节上述实证分析，我们可以得出如下结论。

第一，经济增长、社会公共服务与生态环境三者之间相互联系，存在一定的交互影响，城镇化建设过程中应存在全局观念，在追求经济增长的同时，还应注重社会公共服务事业的发展和生态环境的保护，只有三者协调发展，才能实现城镇化质量的全面提升，促进社会和谐进步。

第二，在城镇化加速发展的背景下，上级财政转移支付对县域经济和公共服务发展和生态环境保护均产了一定的促进作用，口城镇化率仅对生态环境保护投资产生了一定促进作用，对经济增长和社会公共服务均未产生显著影响，近年来实施的"扩权强县"财政改革仅对生态环境保护产生了一定的正向影响，对县域经济和公共服务供给均未产生显著影响，因此，应进一步加强财政体制改革，充分发挥财政转移支付应有的功能，深化"省直管县"改革，增强县级政府的财政能力，为地区经济、社会公共服务发展和生态环境优化提供充足的财力，为城镇化质量全面发展提供有力的财力保障。

第三，不同地区经济水平、自然资源等条件禀赋不同，其经济、社会、生态环境三者之间的相互影响效应存在很大差异，财政转移支付和财政改革政策的实施效果在各地区间也有很大差别，因此，在城镇化加速发展进程中，地方政府应根据自身条件，充分发挥当地优势，稳步推进本地城镇化建设，各级政府在制定和实施政策时也应因地制宜，避免整齐划一、"一刀切"。

4.6　本　章　小　结

通过一定的理论分析我们认为，财政转移支付对城镇化质量的发展能够产生一定的影响，为了考察城镇化进程中财政转移支付对城镇化质量发展的实际影响效应，本章利用四川省87个县和县级（市）面板数据，围绕衡量城镇化质量的三个维度：经济发展、公共服务事业发展、生态环境优化三个方面来进行实证检验。

首先，本章实证检验了随着城镇人口的不断增长，财政转移支付对经济质量即经济增长和经济结构发展的影响，并进一步按照样本的地理特征分区域进行实证检验，结果发现：第一，随着城镇化的发展，政府间财政转移支付和人口城镇化水平的提高，不仅能够促进县域经济增长，也能够提升县域非农产业比重，优化产业结构，促进县域经济质量的综合性发展；第二，控制变量中"扩权强县"财政体制改革政策的实施也在不同程度上促进了县域经济水平和产业结构的发展，有利于县域经济质量的整体性提升；第三，分区域检验结果表明，由于地理特征不同，财政转移支付、人口城镇化率、"扩权强县"改革政策等因素对平原、丘陵和山区不同地区经济发展产生的影响效应存在着显著的差异。

其次，本章进一步对城镇化进程中财政转移支付对社会公共服务事业发展的影响效应进行实证检验，结果发现：第一，随着城镇化的推进，财政转移支付有效促进了县域"经济性"公共服务的供给，但对县域"民生性"公共服务供给的影响较为缺乏弹性，这表明在城镇化过程中，现行财政转移支付制度使得县级政府倾向于将较多的资金用于"经济性"公共服务供给，对"民生性"公共服务的提供相对缺乏动力，财政转移支付没能有效促进社会公共事业综合发展；第二，城镇人口的增加显著促进了县级地方政府对本地"民生性"公共服务的供给,"经济性"公共服务供给没有受到城镇化水平的显著影响,这表明城镇化进程中城镇人口比重增长使得"民生性"公共服务需求量大大增加;第三,控制变量中"扩权强县"改革政策的实施对县域"民生性"和"经济性"公共服务供给都产生了显著的促进作用,表明财政改革扩大了县级政府的财政自主权,有利于促进各类公共服务事业全面发展;第四,从分地区实证检验结果来看,财政转移支付、城镇人口比重和"扩权强县"财政改革对县域"民生性"和"经济性"公共服务供给产生的影响效应在不同地区之间都存在着明显的差异。

再次,本章对城镇化进程中财政转移支付对生态环境的影响效应也进行了实证检验,实证估计结果表明:第一,在城镇化快速发展进程中,随着人口城镇化水平的提高,上级财政转移支付和"扩权强县"改革在一定程度上促进了县级政府增加对环境保护的投入力度,对县域环境质量发展均产生了积极的影响,但从财政转移支付的影响效应来看,其对政府环境保护投资的影响效用并未得到充分发挥,其中一般性转移支付没有产生显著影响,专项转移支付虽然促进了县级政府环保投资,但影响弹性较小,财政转移支付整体功能效应发挥有限;第二,在城镇化加速发展进程中,财政转移支付和"扩权强县"改革对县级政府环境保护投入的影响作用在不同地区体现出较大差异。

最后,本章在前面分别考察财政转移支付对衡量城镇化质量的经济、社会公共服务和生态环境三个维度的影响效应的基础上,进一步深入检验了城镇化进程中三个维度之间的交互影响效应及其与财政转移支付的关系,研究结果发现:第一,经济增长、社会公共服务与生态环境三者之间存在一定的交互影响效应,城镇化建设过程中应存在全局观念,促进三者协调发展和城镇化质量的全面提升;第二,在城镇化加速发展进程中,财政转移支付和"扩权强县"改革财政政策的实施对衡量城镇化质量的经济发展、社会公共服务和生态环境三个维度分别起到一定的促进作用,但其功能发挥有限,为促进城镇化质量的全面提升,国家对于县域层面的财政体制改革需要进一步加强和深化;第三,不同地区拥有的经济水平、自然资源等禀赋条件不同,其经济、社会、生态环境三者之间的相互影响效应以及财政政策实施的效果存在一定差异,因此,政府部门制定和实施政策时应做到因地制宜,在城镇化建设中注意发挥当地特色和优势,引导和推进县域城镇化建设稳步发展。

第 5 章

完善我国财政转移支付制度的政策思路：基于新型城镇化质量

　　改革开放以来，我国经济建设和社会发展取得了举世瞩目的成就，纵观近 40 年来我国发展的历程，经济的腾飞、社会的进步是伴随着城镇化的大规模发展实现的，当前我国经济社会发展仍然是以城镇发展为主导的，城镇的发展发挥着重要的带动和辐射效应，而县域城镇化是联结城镇与农村的关键环节，促进县域城镇化质量全面提升是促进城乡协调发展、带动农村经济进步、解决"三农"问题的根本途径。在我国城镇化发展过程中，过去粗放型发展模式过度追求规模与速度，片面追求经济增长，从而产生了一系列社会问题，如公共服务不均、区域发展失衡、城乡差别大、生态环境恶化等，这些问题的解决有赖于国家加强宏观调控，财政转移支付作为中央实施宏观调控的重要财政杠杆，其目标在于通过提高地方政府财力，实现政府间财政能力均等化，调节和引导地方政府提供良好的公共服务，实现公共服务均等化，最终实现社会公平，推动经济、社会与自然的和谐发展。从前面实证分析的结论我们也可以看出，在现行财政转移支付体制下，随着城镇化的大力推进，财政转移支付虽然对于县域经济质量发展、社会公共服务事业的进行和生态环境的优化都产生了一定程度的促进作用，整体上有利于城镇化质量的全面提升，但其发挥的积极效应是有限的，而且在不同地区之间其影响效应也存在着很大的差异。因此，本章将根据前面研究的结论，从城镇化质量提升的角度对我国省以下财政转移支付制度的构建和完善提出相应的政策思路和建议。

5.1 深入推进财政分权，完善和深化"省直管县"改革

"市场保护财政联邦主义"（Weingast，1995）认为，地方政府在财政上应具有独立性，同时通过与中央政府的"硬预算约束"，也可以实现地方政府风险自担。城镇化过程中不同地区具有各自的特点和比较优势，各级地方政府要充分发挥其职能，提供有效的公共服务，必须具有一定的财政独立性，在各自领域独自决策、自担风险，即各级地方政府在财政的决策和配置上具有相对独立的决策权，同时也要为其决策后果负责，从而形成激励相容的体制，既能对地方政府形成合适的财政激励，也可以确保政府的可问责性。在我国中央、省（直辖市）、市、县、乡镇五级行政体制中，县级政府是最为稳定的基层行政单位，而县级财政实力的强弱则是县级政权稳定与否、县级政府职能能否充分发挥的关键。1994年，我国开始实施了分税制改革，仅对中央与省两级政府间的经济权限进行了初步划分，省以下各级政府间财政关系也没有进行规范性调整和同步跟进。尽管近年来县级政府获得的财政转移支付资金有所增长，但远不够其维持刚性增长的支出。在城镇化加速发展的背景下，面临巨大的财政压力，县级政府通常会通过"土地财政"增加财政收入，如通过土地出让获得土地出让金、大力发展房地产业等方式来增加政府土地财政收入，土地利用率极低，同时，在有限的财力水平下，县级政府为了追求经济增长，也会将较多的财力用于支持经济发展，而对于事关居民切身利益的基本公共服务和环境治理则投入不足，这些都导致了城镇化的粗放式发展和城镇化质量的低下。因此，在当前新型城镇化发展关键时期，要有效发挥财政转移支付的应有效能，破解县级财政困局，首先应从根源上深化改革和完善财政体制，合理设置财政分权度，理顺省以下各级政府间财政关系，在遵守中央作出的统一原则的前提下，规范省以下财政体制。重点可从以下几方面着手。

5.1.1 财政权限适度下放，增强省以下地方政府财政独立性

通过研究我们可以发现，在我国现行的财政分权体制下，仅对某些行

业或部分产品的税收有减免权，财权与事权的不对称使得县（市）级及以下地方政府尤其是经济贫困地区的基层政府对上级财政转移支付存在很强的依赖性。要从根本上打破这种依赖关系，首要的是完善我国现行财政分权体制，将财权适度下放，提升地方政府自身财政收入能力，增强其财政独立性。这可以从三个方向加以改进：（1）赋予地方政府特定的税收权限，使地方政府在限定范围内具有一定征税权，允许地方政府根据本地发展特点和经济实情申请设立新的税目、税率和停征某种税，根据我国行政管理层级特点，可以将这一权限下放到省级，市/县级制定具体实施细则；（2）规范税种，统一、明确中央和地方各级政府之间收入划分，确立地方主体税种，扩大地方政府税源，如规范和改革房产税相关税制，克服征税中存在的重复征收问题，将房产税、资源税这类不可流动的税基由地方政府负责征收，并将税源纳入地方财政，使之成为地方的主体税种和稳定收入来源，克服地方政府对土地财政的依赖，也有利于土地、资源和环境的节约利用和保护；（3）改革共享税的中央和地方分享比例，如提高地方政府对所得税的分享比例，进一步扩大地方财政收入，并引导地方政府将更多的财力资金向县乡基层政府倾斜。通过财权的深化改革，可以减少因收入划分造成的地区间不公平竞争，促进地区间良性竞争和生产要素的自由合理流动，使基层政府拥有稳定、规范、相对充足的收入来源和筹资体制，从而保障省以下各级政府具备坚实的财力基础，能够根据城镇化发展过程中各项社会事业发展的现实需要和居民的偏好来提供公共产品和服务组合。

5.1.2　合理界定中央和地方各级政府事权范围和支出责任，事权适度上移

一直以来，我国地方政府承担着大量的事权和事务支出责任，各级政府间事权和支出责任划分问题没有得到有效的改善，成为制约财政体制完善的主要矛盾，也是我国财政体制改革进一步深化的重点。改革中应根据信息复杂性、外部性，按照激励相容的原则，尽可能详细规定具有可操作性的事权责任和支出标准，明确各级政府职责，将各项公共事务在各级政府间进行合理分配。（1）根据公共服务的受益范围，使整个国家和全体公民受益的公共事务应由中央政府和财政统一管理和提供，具有强烈外溢性

的公共服务可以由中央和地方财政共同负担，只受益于本辖区居民的公共服务则由地方政府来管理和提供。（2）对关系民生的基本公共服务，其管理权限和支出责任应适当上移，如公共医疗、养老保险、基础教育，应由中央政府统一管理，制定全国统一的管理制度和最低供给标准，提高统筹的层次，支出责任适当上移，增加中央和省级财政的支出责任，减轻县（市）级财政负担，促进基本公共服务供给的均等化。（3）对医疗保险、养老保险、教育基本公共服务的供给应破除户籍制度的限制，我国现有户籍制度使得居民享有的基本公共服务不能随人口流动而在地区间自由转移，限制了劳动力从农村向城市、城市之间的自由流动，损失了市场效率，在我国城镇化快速发展进程中，只有打破户籍制度的限制，使居民无论在何地均能享受同等水平的基本公共服务，才能真正实现"人"的城镇化，促进城镇化质量的综合提升。

5.1.3 深入推进和完善"省直管县"财政改革，促进财政体制扁平化

根据前面实证分析可知，我国已试点实施的"省直管县"财政改革对于县域经济发展、社会公共服务供给和生态环境保护都起到了一定的促进作用，但在不同地区，其影响效应存在显著差异，因此，应进一步深化"省直管县"改革，将我国财政管理体制由五级财政降为中央—省级—县（市）级三级财政，扩大试点范围，逐步弱化市级政府对县级的管理职能，并结合"乡财县管"和乡镇综合配套改革，增强县级政府对乡镇财政的管理，不断完善和充实改革的方式和内容，充分赋予县级政府必要的财政管理权限，形成稳定的三级财政管理体制，对财政资金进行合理有效的配置。同时，由于不同地区的经济发展程度、所处地域特征、辖区规模等不同，"省直管县"改革的实施还应做到因地因时制宜，分类实施，区别对待，避免"一刀切"和"一蹴而就"，应根据各地的特征、具体条件和情势，对改革的内容和方式进行适当调整、灵活推进，以适应当地发展实际状况，使改革措施发挥最大效力，并避免各种形式主义，从而切实增强县级基层政府财政管理能力，在城镇化进程中根据自身需求合理安排和调配财力资源。

5.2　以"因素法"为基础规范省对县（市）一般性财政转移支付制度

从本书前面的相关分析我们知道，城镇化是一个系统而复杂的过程，城镇化质量的高低不能简单地以城镇人口的比例来衡量，它是对城镇化推进过程中社会经济、生态环境、人民生活、公共服务等各个方面发展情况的综合考量。城镇化是资源配置的重要方式之一，资源配置的有效性来源于要素的充分流动，要实现资源的有效配置，最核心的是保障参与要素的平等，为各要素的自由流动提供平等的环境，因此，在市场经济条件下完成建设规划、推动城镇化质量全面提升、确保城镇化持续、健康发展离不开地方政府财政资金的配合与引导，需要地方政府具备充足的财力为其提供支持。我国县级政府肩负着大约 70% 人口的公共服务的重担，随着几十年来城镇化的不断推进和社会经济的发展，公众对公共服务的需求出现差异化和多样化，公共产品的社会需求比重日益上升，使得基层政府的公共支出责任不断增加，财政负担不断加重。在多层级行政和财政管理体制下，地方政府行为很容易受上级政府的影响，体制上造成的地区间财政禀赋和资源支配能力的不平衡，加上上级政府绩效考核经济激励的偏向性，不仅造成地区间公共服务供给的不均，也会导致县级政府在城镇化过程建设过程中将有限的财力偏重于经济性基础设施方面的供给，而轻视与民生和生态环境有关的非经济性公共服务的供给，这种片面追求经济发展的做法不仅制约了市场经济条件下各要素的自由流动，影响地区间的平等竞争和均衡发展，也严重损害了社会公共服务事业的整体性发展，不利于新型城镇化质量的全面提升和城镇化的长远发展。正是由于财政体制上存在的不足，通过建立规范的财政转移支付制度来加以弥补和调整便成为必然的选择。虽然当前我国已经建立起相对统一规范的财政转移支付制度，但其稳定性和规范性依然不足，尤其是省以下规范的财政转移支付制度尚未建立。因此，要妥善解决当前基层财政存在的难题，应进一步健全科学、公正、稳定、规范的省以下财政转移支付制度，深化改革，这是促进省以下纵向和横向均衡、解决基层政府财政困难、平衡地区发展最直接、有效的手段。

当前我国财政转移支付主要包括一般性和专项两大类，需要以"因素法"为基础逐步对一般性转移支付加以完善。"因素法"是依据各地标准财政收支差额和可用于财政转移支付的资金规模，按照客观的因素设计统一的计算公式来分配转移支付资金的方法。这种方法在国外已被广泛应用，如澳大利亚、美国、加拿大、德国、印度、日本等国家，并取得了较好的效果。鉴于国际上成熟的经验，我国财政转移支付制度建立以后，许多学者都主张以"因素法"为基本方法来设计财政转移支付公式，以提高转移支付的均等化效果（孙开，1996；钟晓敏，1997；马骏，1997；伏润民等，2011；张恒龙、秦鹏亮，2012 等）。对于我国省以下一般性转移支付制度的构建和完善，在"因素法"应用时具体可注意以下几个方面。

第一，要明确财政转移支付的均等化目标，在按照"因素法"设计财政转移支付分配公式时要充分发挥一般性转移支付的均等性功能。其均等化功能表现在两个方面：一方面，是均衡地区间财力差距，平衡区域差异，使各地区、各级地方政府都有足够的财力保障正常运转；另一方面，是促进公共服务的均等化，确保全国居民无论在何地都能享受大致相当的基本公共服务，这也是城镇化过程持续有效推进的必然要求，在城镇化过程中各要素的流动不仅受地区经济水平的推动，也受到该地区公共服务水平的潜在影响，财政转移支付必须能够促进区域间公共服务的均等化，为要素的自由流动和地区间的公平竞争创造平等的公共服务环境。因此，在运用"因素法"设计一般性转移支付计算公式时要坚持科学的原则，其科学性取决于影响因素的全面性和影响因素权重的合理性。（1）所选取的影响因素要尽可能真实反映当地财政收入的实际水平，全面反映财政支出的现实需求。例如，在对教育、公共安全等各类公共服务标准财政支出进行成本差异系数调整时，要考虑教育适龄人口、刑事案件发生率等反映其行业特征和自身特点的因素，不能完全比照一般公共服务标准支出成本差异系数的测算办法来确定；在测算医疗卫生标准财政支出成本调整系数时，应考虑人口老龄化程度因素对支出需求的影响；在测算环境保护标准支出时，应考虑人均能耗、人均碳排放量等因素，此外，选取的因素指标也要避免出现重复。（2）在设定指标权重时，避免随意性，尊重客观性，采用科学的方法对影响因子进行赋权，可以利用国际上已经成熟的计量方法进行回归模拟，测算各因素的权重，从而确定具有良好均等化效果的参数。（3）鉴于我国目前城镇化发展速度快，人口流动性大的特征，在利用因素法计算地方政府各项标准公共支出时，还应考虑人口流动因素的影响，考察各地区人口年龄结构变动因素，纳入测算体系，从而使上级财政补助更加切合地方实际支出需求。总之，在城镇化加速发展背景下，各地城镇化水平存在差异，在设计一般性转移支付公式选取影响因素和确定指标权重时，要尊重客观性和科学性，避免人为主观因素的干扰，切实、全面反映实际需求，充分发挥一般性转移支付均等化效应，以保障新型城镇化建设质量的全面进步。

第二，扩大"因素法"的应用范围，增强财力配置的科学性。利用"因素法"测算财政转移支付资金，使财政转移支付分配具有较强的科学性和透明度，能够有效地解决区域不均的问题，它是区域间科学配置财力的重要途径。目前，"因素法"主要应用于一般性转移支付，并且仅有均衡性和民族地区两项转移支付资金的核算采用了该方法，其他项目大多采用基数法。因此，应扩大采用"因素法"的应用范围，按照循序渐进的原则逐步增加应用项目，一是先选择一些针对特殊地区和对象的一般性转移支付项目试行"因素法"，如对革命老区、边境地区转移支付项目，这样的项目资金规模相对较小，不触及地方既得利益，易于操作；二是对于其他资金规模较大的项目，可以采用"因素法"和"基数法"相结合的办法，实施过程中逐步加大应用"因素法"测算的资金规模和比重，逐步以"因素法"取代"基数法"。

第三，"因素法"运用应当因地制宜。由于当前我国省以下财政转移支付制度建立滞后，尚未形成统一的规范，"因素法"的应用大多是参照中央对省的办法实施的，但是我国具有明显的区域多样性和复杂性，影响省以下各级区域公共服务均等化的因素很多，各省有其自身特点，因素选取和权重存在一定差异性，不同于中央对省级的财政转移支付制度，因此，运用"因素法"对省以下一般性转移支付制度改革时，在制定全国统一规范的前提下，还应结合当地客观实际特征，了解县（市）的基层政府的实际需求，进行适当调整，选择恰当的影响因素并赋予合理的权重，确保转移支付能够满足各基层政府的财政需要，有效促进新型城镇化建设过程中各类公共服务供给的整体水平。

5.3 调整和完善专项财政转移支付制度

专项转移支付指定具体用途、专款专用，它有配套拨款和非配套拨款两类。专项转移支付的调整和完善，应以均等化为目标取向，根据省以下各级政府事权责任划分进行整合与规范，着力解决专项转移支付设置与运行中造成的实际不公平问题，突出其矫正辖区间外溢性的职能，推进区域间基本公共服务均等化（汤学兵、张启春，2011）。实现公共服务均等化是实施专项转移支付的最终目标，这是新型城镇化发展中对社会公共服务事业质量发展的基本要求，因此，专项转移支付制度的优化有利于推动城镇化质量的提升。要完善专项转移支付制度，可以考虑从以下方面加强改进。

5.3.1 对项目设置进行整合，清理和规范现专项项目

严格甄别各类项目，按照支出责任相近的原则清理专项项目：对于属于地方支出责任范围的事务且数额相对固定的项目，应归入一般性转移支付；对于引导类、应急类和救济类专项，适用于特定政策目标，由于资金分配时上级政府难以把握基层复杂信息，容易导致资金投向不符合政策初衷，因而应当严格控制；对于具有很大程度外溢性如教育、跨区域基础设施等项目，可以在必要时设立专项；压缩专项拨款项目，取消名不副实、不利于均等化的项目，将交叉重复的项目进行归并，逐步取消竞争性领域专项。

5.3.2 强化省级政府对县（市）专项转移支付资金的管理和监督

县（市）政府在向上级申报专项时，省级政府应在项目审批时严格审批制度、提高审批门槛，遵守规范的审批程序按照权限进行审批，若省级政府对下级设立专项转移支付，在程序上应与国家审批方式一致。同时，对专项资金的使用进行严格的监管，实行科学、规范、系统的考核体系，使专项转移支付资金切实用于改善民生性公共服务和生态环境的项目上，

对地方政府支出行为进行有效的引导和规范，充分发挥专项补助的政策导向作用。

5.3.3　提高专项转移支付资金分配的科学性

目前我国大多专项转移支付项目在资金分配中仍存在一定的主观性因素，易导致政府规模的膨胀和地方政府腐败的增加，其分配的科学性、透明性亟待提高。在专项转移支付资金分配方法上，可以考虑积极实施"因素法"，利用规范化的程序和公式化方法进行计算，提高分配的透明度。当前我国专项转移支付有一部分项目是按照公式化方法进行分配的，但所占比重较小，对于具有基本公共服务目标的项目，可以全面实行"因素法"进行分配，以减少专项转移支付分配的盲目性和随意性。此外，还应适度控制专项补助的规模和额度，对于需要地方配套的专项转移支付项目，可根据当地经济实际情况，适度减少配套要求，以增强地区发展的公平性，有利于地方财力和公共服务均等化目标的实现。

5.4　完善绩效考核机制以强化财政转移支付激励性

从本书前面的理论分析我们可知，激励引导地方政府合理高效配置资源是国家实施财政转移支付主要目标之一。就激励性而言，财政转移支付的功能体现在两个方面：一是对地方政府财政努力的激励；二是对地方政府支出行为的激励与调节。关于财政转移支付的激励问题，传统的财政分权理论没有过多的涉及，但随着第二代财政分权理论的影响，以及在财政实践中，地方政府为了获得上级财政转移支付增加自身财政收入，往往存在机会主义倾向，从而得到较多的上级财政转移，因此，财政转移支付的激励性也成为分权国家在财政转移支付制度设计中普遍面临的问题。财政转移支付对于受补助政府既可能产生正向激励，也可能产生负向激励，相对更加公平、科学的财政转移支付体系能够形成"激励兼容"，有助于对受补助政府产生正向激励，但当财政转移支付制度的设计使得地方政府有机会以不合意手段操纵财政转移支付资金的获取时，便容易产生负向激励。

之所以会产生负向激励是因为中央在对地方政府进行额外补助时会产生软预算约束问题①，在财政实践中，当制度设计存在缺陷，使得地方能够在中央财政转移支付计划宣布之前就作出支出或借贷决策，地方政府意识到中央政府对地方事务的兴趣和承诺，地方政府就会产生机会主义行为，从而操纵转移支付资金的获取，负向激励就会产生（Vigneault M.，2007）。要实现财政转移支付的正向激励，最重要的是解决软预算约束和负向激励问题，在财政转移支付制度设计中硬化对地方政府的预算约束，促使其增强自身财政能力，降低对中央财政的依赖，并降低中央对地方政府行为的负向激励，减少地方行政机构不负责任的行为。在分权体制下，地方政府的行为也受到上级政府绩效考核机制的激励，当上级政府对地方政府绩效考核以经济增长为主要指标时，地方政府的行为便会倾向于增加经济建设方面的财政投入，而忽视与民生和社会公益相关的公共服务领域的投入。这种激励仅片面地偏重于经济建设，而轻视社会公共服务事业的发展，对于城镇化质量的全面进步和城镇化的长远发展是极为不利的。因此，为纠正地方政府偏离政策目标的行为产生，在构建省以下财政转移支付制度时，还应建立相应的绩效考核机制，以提高财政转移支付资金分配和使用效率。要强化财政转移支付的激励性可以从两个方面进行考虑。

第一，改革政府考核模式和指标，优化绩效考核制度，增强考核的科学性、合理性。财政转移支付的重要功能之一是纠正地方政府财政支出行为的偏差，激励其在公共产品供给中符合国家政策意图和全国人民利益，但在以 GDP 增长为主的考核管理模式下，地方政府竞争过度关注地区经济增长，大力招商引资，忽视经济发展的环境效益和居民基本公共服务的改善，财政转移支付应有的功能难以得到有效发挥，因而必须改革这种具有经济激励偏向性的政府管理考核机制，从根本上优化调整激励和约束机制。为此，改革中应在各级政府自上而下树立正确的"政绩观"，改变和调整片面强调 GDP 增长、以增长绩效为核心的政府考核体系，明确各级政府职责，强化其公共服务供给责任，建立复合型综合考核体系，以医疗、教育、文化、社会保障、生活条件等民生性公共服务发展和以科技创新、环境保

---

① 软预算约束问题是指中央政府可能救助那些因过度借贷、过度开支或管理不善而陷入财政困境的地方政府。

护、资源利用、城乡一体化等为内涵的绿色 GDP 为考核指标，全面考察政府绩效，形成有效、健全的激励和约束机制，从而促进经济质量、社会公共服务、生态环境的全面发展，促进城镇化质量的全面提升，使人、自然、社会和谐共处。

第二，强化财政转移支付的激励性。这需要考虑两个方面的激励，一是对地方政府财政努力的激励。在使用"因素法"设计财政转移支付公式时，可以将衡量地方政府财政努力程度的指标纳入公式，在进行财政转移支付资金分配时，根据财政努力程度给予地方政府一定的奖惩，如采用"税收弹性"（刘溶沧、焦国华，2002）作为衡量财政努力程度的指标。二是对地方政府支出行为的激励。在以"因素法"设计公式时，可以根据地方对基本公共服务财政资金的配置效率和服务的提升状况来衡量其供给达到期望目标的程度，以此为基础来建立一般性转移支付的绩效评价体系，并将得出的绩效评价系数纳入转移支付测算公式，对地方政府行为进行相应的奖惩。

尽管 2013 年 12 月中央组织部已印发了《关于改进地方党政领导班子和领导干部政绩考核工作的通知》，强调政绩考核要突出科学发展观导向，把有质量、有效益、可持续的经济发展和民生改善、社会和谐、生态文明、文化建设等作为考核评价的主要内容，但当前实践中我国各级政府以科学发展为导向的政绩观和考核体系尚未真正全面建立，财政转移支付制度也未形成互动有效的绩效评价体系，使得财政转移支付实施效果难以得到保障，在当前我国向新型城镇化转型的关键时期，注重质量全面提升，在建立财政转移支付评价和监督体系时，应综合考虑其均衡性和激励性，对地方政府进行合理、客观、公正的绩效评价，自上而下建立科学规范的财政转移支付制度体系，使得财政转移支付体系既能有效地均衡地方政府的财力，也能激励地方政府加强财政努力，增强财政独立性；既能有效推动实现地区公共服务均等化、加强环境保护，也能调节地方政府支出行为和偏好，激励地方政府将更多的资金投入基本公共服务和生态保护领域，全面促进社会经济、公共事业、生态环境的良性互动和整体发展，从而促进城镇化质量的全面进步。

第6章

结　论

　　城镇化是现代化的重要标志，它是一个引起经济结构、社会结构、空间结构变迁，实现社会、经济复合转型的复杂、系统的过程，城镇化过程体现在两个方面：一是量（速度）的扩张；二是质的提升，是数量和质量的有机统一。我国自改革开放以来，城镇化建设不断加速发展，但过去的城镇化采用粗放型发展模式，过度追求速度、规模和经济增长，在带来经济飞速发展的同时，也产生了许多严峻的问题，如城镇体系不合理，城乡发展失衡、社会公共服务体系不健全、生态环境严重污染等。要改变当前现状，克服和解决我国城镇化建设产生的一系列问题，必须重新理解城镇化质量的科学内涵和体系，注重城镇化质量的全面提升，从而走出一条具有中国特色、和谐、集约、渐进、多元、可持续的新型城镇化发展道路。在我国城镇化建设进程中，地方政府担负着重要的角色，既是城镇化建设的规划者，也是推动者。坚实的财力基础是地方政府充分发挥职能的物质保障，在我国财政分权体制下和多级行政管理体制下，地方政府缺乏征税自主权，同时承担着大量公共支出责任，导致许多地方政府出现财力缺口，尤其是经济落后地区，政府运转很大程度上依赖于中央财政转移支付。财政转移支付是中央政府实施宏观调控的重要财政工具，通过财政转移支付，中央政府可以弥补地方政府财力缺口，平衡地区间财力差异，并优化和调节资源配置，引导和激励地方政府的行政行为符合全国和人民利益，实现公共服务均等化，促进社会公平。因此，在城镇化建设进程中，财政转移支付对于地方政府职能的发挥，进而对城镇化质量体系各方面的发展产生着重要的影响。

　　近年来，随着我国新型城镇化发展模式的提出，关于城镇化质量的研究也成为学术界关注的焦点，本书参考学者们已有的研究成果，首先分析了影响城镇化质量的重要因素，提炼出衡量城镇化质量的三个关键维度，即经济发展、社会公共服务事业发展和生态环境，然后构建财政转移支付对城镇化质量产生影响的作用机理，进而利用四川省 87 个县（市）级面板数据，从经济、社会与自然三个方面来实证研究财政转移支付对于城镇化质量产生的影响效应，从而得出如下结论。

第一，随着城镇化的发展，财政转移支付和城镇人口的增长不仅显著促进了县域经济量的增长，也促进了县域经济结构的优化。从本书 4.2 节关于财政转移支付对县（市）经济发展影响效应的实证研究可以发现，财政转移支付和城镇化率的提高不仅显著促进了县域人均 GDP 的增长，也显著促进了第二、第三产业比重的增加，对县域经济量和质的发展都产生了积极的影响，有利于整体经济质量的提升。

第二，在城镇化进程中，财政转移支付对于县域"民生性"公共服务和"经济性"公共服务的供给都产生了显著的促进作用，但其对"民生性"公共服务的影响相对缺乏弹性；城镇人口增加显著促进了县域"民生性"公共服务的供给，但对"经济性"公共服务供给没有产生显著影响。从本书 4.3 节关于财政转移支付对社会公共服务事业发展影响效应的实证研究可以发现，一般性转移支付和专项转移支付的增加都显著促进了县级政府对"民生性"和"经济性"公共服务的供给，但相对于"经济性"公共服务而言，两类转移支付对"民生性"公共服务供给的影响弹性都相对较低；同时发现，人口城镇化水平的提高对于县域"民生性"公共服务的供给产生了显著的积极影响，但对于"经济性"公共服务供给的影响不显著。

第三，在城镇快速发展背景下，财政转移支付和城镇人口增加都显著促进了县级政府增加环境保护投入，有利于地区生态环境的优化，但财政转移支付对环境保护投入产生的影响弹性并不大，功能效应有待提高。从本书 4.4 节关于财政转移支付对县（市）生态环境影响效应的实证分析可以发现，一定程度上财政转移支付对县级政府的环境保护投入产生了显著的正向影响，但这种影响效应主要来自专项转移支付，一般性转移支付没有产生显著影响，且专项转移支付的影响弹性也较小，转移支付整体功能效应有待加强；同时，城镇化率的提高使得县域环境压力增大，也促使县级政府增大了环保投入力度。

第四，衡量城镇化质量的经济发展、社会公共服务和生态环境三个维度之间的交互影响效应，同时，财政转移支付对于三者也产生了显著的促进作用，城镇化建设应树立全局观念，促进城镇化质量全面发展。从书中4.5节的实证研究可以发现，县域经济增长与政府社会公共服务供给之间、社会公共服务供给与环境保护投入之间都是双向的因果关系，存在着交互影响效应，但经济增长与环境保护之间不存在双向因果关系，县域经济增长显著促进政府加大了对本地生态环境保护的投入，而政府生态环境投资的增加对地区经济发展并没有产生显著影响；同时，财政转移支付对于县域经济的发展、社会公共服务的供给和生态环境保护投入也产生了一定的促进作用。因此，地方政府在规划和推动城镇化建设过程中应存在全局观念，树立系统、科学的发展观，积极推动经济、社会和生态环境的发展与优化，全面提升城镇化质量，坚持走可持续发展的新型城镇化道路。

第五，在城镇化过程中，财政转移支付、人口城镇化水平和"扩权强县"财政改革对经济发展、社会公共服务和生态环境都产生了一定的积极影响，但不同地区间资源禀赋不同，产生的影响效应存在很大差异，政府部门在制定和实施政策、推动城镇化发展过程中应因地制宜，避免"一刀切"。

尽管本研究通过理论分析和实证检验，获得了一定参考意义的成果，但也存在一些不足之处，主要有以下几点。

首先，在我国官方公布的统计数据中，近年来县级财政数据没有进行统一公布，各省份所公布的县级财政数据指标并不统一，因此，本书在实证分析时仅选取了四川省2005～2014年的县级数据作为样本区间，这对于研究结论的全面性和普遍适用性可能产生一定影响，四川省作为我国全面、综合深化改革的重点区域，其样本具有一定的代表性，但它属于我国西部地区，对于东部和中部地区是否产生同样的效应，待未来获得更新数据、扩大样本规模后可作进一步考察。

其次，基于县级数据的可获得性和强表征性，本书指标的选取也有待作进一步的改善，比如，对"经济性"公共服务和环境保护投入指标的选择。由于学术界对于公共服务类型的界定并不统一，涉及内容较多，超出了本书讨论的范围，而且近年来政府财政支出统计口径有所变化，因此，"经济性"公共服务指标仅选择了具有代表性的政府交通运输支出来度量；

对于生态环境指标的选择，因缺乏县级数据，本书从环境治理的角度进行了考察，而非是污染产出的角度。后期在获得相关统计资料时，可进一步地完善指标选择进行更加深入的研究。

再次，本书在实证检验方法的选择上也存在需要改进的空间。在检验和分析财政转移支付对经济、社会公共服务和生态环境保护影响效应时，为获得稳健的结果，利用静态面板数据，采用了逐步回归法逐步添加变量进行 Hausman 检验，从而忽略了变量的内生性和动态性问题，后期可以尝试利用动态面板数据使用系统广义矩估计（SYS – GMM）方法进行检验，对文中结论作进一步验证。

最后，本书在对完善我国财政转移支付制度提出政策建议时，对于省对县（市）的一般性转移支付制度提出以"因素法"为基础加以规范和完善，基于县级财政数据的可获得性和"因素法"转移支付体系设计的复杂性，本书并没有对如何按照"因素法"来设计省以下转移支付体系进行详细的阐述，这也是笔者后续深入研究需要努力的方向。

总之，在后续的学术研究中，笔者对于本书这些不足之处可能会逐渐加以改进，但目前的研究极为匮乏，期待逐步完善。

参 考 文 献

[1] 安体富. 中国转移支付制度：现状·问题·改革建议 [J]. 财政研究，2007，(1)：2-5.

[2] 安体富，任强. 中国公共服务均等化水平指标体系的构建——基于地区差别视角的量化分析 [J]. 财贸经济，2008，(6)：79-82.

[3] 白先春. 我国城市化进程的计量分析与实证研究 [D]. 南京：河海大学，2004.

[4] 白先春，凌亢，朱龙杰，等. 我国县级城市发展质量综合评价——以江苏省县级市为例 [J]. 统计研究，2005，(7)：51-54.

[5] 鲍悦华，陈强. 质量概念的嬗变与城市发展质量 [J]. 同济大学学报，2009，(6)：46-52.

[6] 贝涵璐. 建设用地利用效率时空差异及其与城镇化质量的耦合关系 [D]. 杭州：浙江大学，2016，3.

[7] 边维慧，李自兴. 财政分权：理论与国外实践 [J]. 国外社会科学，2008，(5)：26-32.

[8] 常修泽. 中国现阶段基本公共服务均等化研究 [J]. 中共天津市委党校学报，2007，(5)：32-35.

[9] 曹飞. 中国省域新型城镇化质量动态测度 [J]. 北京理工大学学报：社会科学版，2017，(3)：108-115.

[10] 陈鸿彬. 提高城市化质量的思路与对策 [J]. 经济经纬，2001，(6)：63-66.

[11] 陈昌盛. 公共财政：基础理论与分歧——由邓子基教授一文引发的讨论 [J]. 财贸经济，2002，(10)：61-65.

[12] 陈昌盛，蔡跃洲. 中国政府公共服务：体制变迁与地区综合评估 [M]. 北京：中国社会科学出版社，2007.

[13] 陈仲常，董东冬. 我国人口流动与中央财政转移支付相对力度的区域差异分析 [J]. 财经研究，2011，(3)：71 - 80.

[14] 陈斐，张延峰. 政府间转移支付对中国区域经济增长的影响效应研究 [J]. 学习与实践，2015，(7)：14 - 23.

[15] 陈旭佳. 中国均等化财政转移支付制度研究 [M]. 北京：中国社会科学出版社，2014：104 - 126.

[16] 丁鸿富. 社会生态学 [M]. 杭州：浙江教育出版社，1987.

[17] 董艳梅. 中央转移支付与欠发达地区财政的关系 [M]. 北京：社会科学文献出版社，2014：33 - 102.

[18] 范子英，张军. 中国如何在平衡中牺牲了效应：转移支付的视角 [J]. 世界经济，2010，(11)：117 - 138..

[19] 范子英. 中国的财政转移支付制度：目标、效果及遗留问题 [J]. 南方经济，2011，(6)：67 - 80.

[20] 范子英，张军. 转移支付、公共品供给与政府规模的膨胀 [J]. 世界经济文汇，2013，(2)：1 - 18.

[21] 范子英. 非均衡增长：分权、转移支付与区域发展 [M]. 上海：格致出版社：上海人民出版社，2014.

[22] 方创琳，王德利. 中国城市化发展质量的综合测度与提升路径 [J]. 地理研究，2011，(11)：1931 - 1946.

[23] 冯俏彬. 国家分配论、公共财政论与民主财政论——我国公共时政理论的回顾与发展 [J]. 财政研究，2005，(4)：8 - 11.

[24] 伏润民，常斌，缪小林. 我国省对县 (市) 一般性转移支付的绩效评价——基于 DEA 二次相对效益模型的研究 [J]. 经济研究，2008，(11)：62 - 73.

[25] 伏润民，王卫，常斌等. 我国规范的省对县 (市) 均衡性转移支付制度研究 [J]. 经济学季刊，2011，(10)：40 - 60.

[26] 付文林. 均等化转移支付与地方财政行为激励初探 [J]. 财贸经济，2010，(11)：58 - 62.

[27] 付文林，沈坤荣. 均等化转移支付与地方支出结构 [J]. 经济研究，2012，(5)：45 - 57.

[28] 傅勇. 财政分权、政府治理与非经济性公共物品供给 [J]. 经济研

究，2010，（8）：4 - 15.

[29] 甘肃省财政科学研究课题组. 推进基本公共服务均等化的财政政策研究 [J]. 财政研究，2008，（9）：24 - 29.

[30] 高琳. 分权与民生：财政自主权影响公共服务满意度的经验研究 [J]. 经济研究，2012，（7）：86 - 98.

[31] 高培勇. 市场经济体制与公共财政框架 [J]. 税务研究，2000，（3）：3 - 11.

[32] 高培勇. 公共财政：概念界说与演变脉络——兼论中国财政改革30年的基本轨迹 [J]. 经济研究，2008，（12）：4 - 16.

[33] 葛乃旭，秦帅. 新型城镇化背景下我国政府间转移支付制度的目标选择 [J]. 知识经济，2015，（2）：65 - 67.

[34] 郭庆旺，贾俊雪. 中央财政转移支付与地方公共服务提供 [J]. 世界经济，2008，（9）：74 - 84.

[35] 郭庆旺，贾俊雪，高立. 中央财政转移支付与地区经济增长 [J]. 世界经济，2009，（12）：15 - 26.

[36] 郭世芹，邹杰. 我国农村居民非生产性公共品消费影响因素研究——基于转移支付、地方政府供给与公共产品价格的实证分析 [J]. 价格理论与实践，2015，376（10）：117 - 119.

[37] 郭世芹. 关于我国新型城镇化的深度思考 [J]. 农业经济，2016，345（2）：7 - 9.

[38] 郭世芹，邹杰. 城镇化和转移支付对民生性公共服务的影响 [J]. 统计与决策，2018，498（6）：106 - 108.

[39] 龚锋、卢洪友. 机会平等与财政转移支付 [J]. 财经问题研究，2010，（11）：61 - 70.

[40] 龚锋，卢洪友. 财政分权与地方公共服务配置效率——基于义务教育和医疗卫生服务的实证研究 [J]. 经济评论，2013，（1）：42 - 51.

[41] 国家城调总队，福建省城调队课题组. 建立中国城市化质量评价体系及应用研究 [J]. 统计研究，2005，（7）：15 - 19.

[42] 何文举. 城市化质量的系统评价——基于湖南省的实证检验 [J]. 区域经济评论，2014，（5）：137 - 145.

[43] 何振一. 理论财政学 [M]. 北京：中国财政经济出版社，1986.

［44］韩增林，刘天宝．中国地级以上城市城市化质量特征及空间差异［J］．
地理研究，2009，(6)：1508－1515．

［45］贺俊，刘啟明，唐述毅．转移支付、产业结构与碳排放——基于内生
增长的理论和实证分析［J］．东北大学学报：社会科学版，2017，
(2)：153－159．

［46］黄解宇，常玉昆．对西部地区转移支付的均等化模型分析［J］．财经
研究，2005，(8)：111－123．

［47］黄亚平，单卓然．山区型县市城镇化质量评价模型及其应用研究——
以湖北省为例［J］．城市规划，2015，(4)：27－34．

［48］贾康．建立公共服务均等化的转移支付体制［N］．重庆日报，2010－
05－16．

［49］贾俊雪，郭庆旺．政府间财政收支责任安排的地区增长效应［J］．经
济研究，2008，(6)：37－49．

［50］贾俊雪，郭庆旺，赵旭杰．地方政府支出行为的周期性特征及其制度
根源［J］．管理世界，2012，(2)：7－18．

［51］贾康，叶青．否定之否定：人类社会公共财政发展的历史轨迹［J］．
财政研究，2002，(8)：2－9．

［52］贾康．关于建立公共财政框架的探讨［J］．国家行政学院学报，
2005，(3)：37－40．

［53］贾康．对公共财政的基本认识［J］．税务研究，2008，(2)：4－16．

［54］贾康，苏京春，梁季等．全面深化财税体制改革之路：分税制的攻坚
克难［M］．北京：人民出版社，2015：216－224．

［55］贾晓俊．改革转移支付制度：基于公共服务均等化的分析［J］．商业
研究，2010，(12)：122－126．

［56］贾晓俊，岳希明，王怡璞．分类拨款、地方政府支出与基本公共服
务均等化——兼谈我国转移支付制度改革［J］．财贸经济，2015，
(4)：5－16．

［57］江新昶．转移支付、地区发展差距与经济增长——基于面板数据的实
证检验［J］．财贸经济，2007，(6)：50－57．

［58］景婉博．中日转移支付比较研究［M］．北京：中国财富出版社，2015：
160－175．

[59] 孔凡文.中国城镇化发展速度与质量问题研究 [R].2006.

[60] 孔薇.新型城镇化水平测度与推进路径选择——以吉林省为例 [J].税务与经济,2017,(3):107-112.

[61] 匡导球.我国财政转移支付存在的问题及改革取向 [J].财政研究,2006,(9):32-33.

[62] 蓝庆新,刘昭洁,彭一然.中国新型城镇化质量评价指标体系构建及评价方法——基于2003—2014年31个省市的空间差异研究 [J].南方经济,2017,(1):111-126.

[63] 李金龙,谢玲玲.珠三角城镇化可持续发展初析 [J].经济地理,2011,(2):242-246.

[64] 李元起,王飞.论公共财政制度的宪政基础 [J].税务研究,2008,(5):58-61.

[65] 李永友,沈玉平.转移支付与地方财政收支决策——基于省级面板数据的实证研究 [J].管理世界,2009,(11):41-53.

[66] 李永友,张子楠.转移支付提高了政府社会性公共品供给激励吗 [J].经济研究,2017,(10):119-133.

[67] 李建军,肖育才.税收征管存在"粘绳纸"效应吗 [J].南开经济研究,2012,(2):55-66.

[68] 李兰英.对我国政府间转移支付的几点思考 [J].中央财经大学学报,2004,(1):4-7.

[69] 李兰,蒙婷怡.促进城镇化发展的转移支付政策研究 [J].哈尔滨商业大学学报:社会科学版,2012,(5):91-96.

[70] 梁振民.东北地区城市化发展质量的综合测度与层级特征研究 [J].地理科学,2013,(8):926-934.

[71] 刘溶沧.重建中国政府间财政转移支付制度的总体构想 [J].管理世界,1996,(4):68-77.

[72] 刘溶仓.谈谈公共财政问题 [J].求是,2001,(12):34-37.

[73] 刘溶沧,焦国华.地区间财政能力差异与转移支付制度创新 [J].财贸经济,2002,(6):5-12.

[74] 刘力钢,罗文元等.资源型城市可持续发展战略 [M].北京:经济管理出版社,2006.

[75] 刘大帅，甘行琼．公共服务均等化的转移支付模式选择——基于人口流动的视角 [J]．中南财经政法大学学报，2013，(4)：13-21.

[76] 刘炯．生态转移支付对地方政府环境治理的激励效应——基于东部六省46地级市的经验证据 [J]．财经研究，2015，(2)：54-65.

[77] 陆铭，陈钊．在集聚中走向平衡：城乡和区域协调发展的"第三条路" [J]．世界经济，2008，(8)：57-61.

[78] 卢洪友，祁毓．均等化进程中环境保护公共服务供给体系构建 [J]．环境保护，2013，(2)：35-37.

[79] 阮陆宁，张华东．中部地区新型城镇化质量动态综合评价 [J]．商业经济研究，2016，(7)：191-193.

[80] 罗宏斌．新型城镇化的内涵与意义 [N]．湖南日报，2010-02-20.

[81] [美] 罗宾·鲍德威，沙安文著，庞鑫等译．政府间财政转移支付：理论与实践 [M]．北京：中国财政经济出版社，2011：59-65.

[82] [美] 罗伯特·B. 登哈特，珍妮特·V. 登哈特，丁煌译．新公共服务：服务而非掌舵 [M]．北京：中国人民大学出版社，2004.

[83] 雒海潮，李国梁．河南省城镇化质量实证研究 [J]．地域研究与开发，2015，(3)：73-78.

[84] 马骏．中央向地方的财政转移支付——一个均等化公式和模拟结果 [J]．经济研究，1997，(3)：11-20.

[85] 马骏．论转移支付：政府间财政转移支付的国际经验及对中国的借鉴意义 [M]．北京：中国财政经济出版社，1998.

[86] 马海涛，姜爱华，等．政府间财政转移支付制度 [M]．北京：经济科学出版社，2010：71-78.

[87] 马德功，王建英．我国西部地区新型城镇化质量测算与评价——基于12个省份的面板数据分 [J]．经济体制改革，2016，(2)：54-60.

[88] 毛捷，汪德华，白重恩．民族地区转移支付、公共支出差异与经济发展差距 [J]．经济研究，2011，(2)：75-87.

[89] [美] 曼瑟尔·奥尔森．集体行动的逻辑 [M]．陈郁等译．上海：上海三联书店、上海人民出版社，2003.

[90] 孟庆香，郭施宏，吴升．福建省城镇化质量空间差异评价 [J]．中国农业资源与区划，2015，(7)：33-40.

[91] 倪鹏飞. 中国城市竞争力的分析范式和概念框架 [J]. 经济学动态, 2001, (6): 14-18.

[92] 牛文元. 走中国特色的城市化道路. "全面建设小康社会与科技创新"战略论坛报告 [R]. 中国科学院高技术局、政策局和科技政策研究所联合主办, 2003.

[93] 彭再德, 邬万里. 城市更新与城市持续发展——兼论21世纪上海城市建设中的几个问题 [J]. 城市规划汇刊, 1995, (5): 56-61.

[94] 乔宝云, 范剑勇, 彭骥鸣. 政府间转移支付与地方财政努力 [J]. 管理世界, 2006, (3): 50-56.

[95] 仇保兴. 科学规划, 认真践行新型城镇化战略 [J]. 规划师论坛 2010, (7): 7-12.

[96] 帅江平. 论城市的持续生长——以东南沿海地区为例 [J]. 城市规划, 1995, (5): 14-17.

[97] 石智雷, 朱明宝. 财政转移支付与农业转移人口市民化研究 [J]. 西安财经学院学报, 2015, (2): 5-10.

[98] 宋小宁, 陈斌, 梁若冰. 一般性转移支付: 能否促进基本公共服务供给? [J]. 数量经济技术经济研究, 2012, (7): 33-43.

[99] 宋小宁, 葛锐. 地方基建投资热的财政转移支付原因——基于纵向税收竞争理论的分析 [J]. 武汉大学学报: 哲学社会科学版, 2014, (4): 117-123.

[100] 孙开. 论政府间转移支付中的因素法问题 [J]. 财政研究, 1996, (3): 37-41.

[101] 孙红玲, 谭军良. 构建财政转移支付同农业转移人口市民化挂钩机制的思考 [J]. 财政研究, 2014, (8): 60-63.

[102] 宋丽颖, 杨潭. 转移支付对黄河流域环境治理的效果分析 [J]. 经济地理, 2016, (9): 166-172.

[103] 檀学文. 稳定城市化——一个人口迁移角度的城市化质量概念 [J]. 中国农村观察, 2012, (1): 2-5.

[104] 汤学兵, 张启春. 中国政府间转移支付制度的完善——基于区域基本公共服务均等化目标 [J]. 江海学刊, 2011, (2): 97-103.

[105] 田发. 财政转移支付的横向财力均等化效应 [J]. 当代财经, 2010,

（4）：28 - 34.

[106] 田时中，马东水，方眉玉. 基于熵值法的安徽省城镇化质量测度及比较研究 [J]. 沈阳大学学报：社会科学版，2017，（4）：417 - 421.

[107] 童华胜，陈俊玲. 城市化质量若干问题初探 [J]. 台声. 新视角，2005，（1）：199 - 201.

[108] 王德利，方创琳，杨青山，等. 基于城市化质量的中国城市化发展速度判定分析 [J]. 地理科学，2010，（5）：643 - 650.

[109] 王德利，赵弘，孙莉，等. 首都经济圈城市化质量测度 [J]. 城市问题，2011，（12）：16 - 23.

[110] 王德利. 城市化发展质量的影响因素与演化特征 [J]. 地域研究与开发，2013，（6）：18 - 23.

[111] 王家庭. 基于低碳经济视角的我国城市发展模式研究 [J]. 江西社会科学，2010，（3）：85 - 89.

[112] 王洋，方创琳，王振波. 中国县域城镇化水平的综合评价及类型区划分 [J]. 地理研究，2012，（7）：1305 - 1316.

[113] 王鹏. 财政转移支付制度改革研究 [D]. 长春：吉林大学：2012，12.

[114] 王永钦，张晏，章元，等. 中国的大国发展道路——论分权式改革的得失 [J]. 经济研究，2007，（1）：4 - 16.

[115] 王宝顺，刘京焕. 中国地方城市环境治理财政支出效率评估研究 [J]. 城市发展研究，2011，（4）：71 - 76.

[116] 王宝顺，刘京焕. 地方政府公共支出空间外溢效应对区域经济增长的影响 [J]. 现代财经，2011，（10）：61 - 69.

[117] 王克敏，范长江. 生态经济学的形成和发展 [J]. 经济学动态，1998，（6）：56 - 58.

[118] 王金南. 关于深化环保投资体制改革的若干思考 [J]. 环境科学研究，1994，7（4）：47 - 50.

[119] 王雍君. 中国的财政均等化与转移支付体制改革 [J]. 中央财经大学学报，2006，（9）：1 - 5.

[120] 王福林，任文香. 基于区间数 AHP 的我国新型城镇化质量评价研究

[J]. 农业经济与管理, 2015, (1): 64 - 70.

[121] 王冬年, 盛静, 王欢. 新型城镇化质量评价指标体系构建及实证研究——以河北省为例 [J]. 经济与管理, 2016, (5): 67 - 71.

[122] 魏厚凯. 中国城市化转型与质量提升战略 [J]. 上海城市规划, 2012, (4): 6 - 11.

[123] 魏厚凯. 中国城镇化质量综合评价报告 [J]. 经济研究参考, 2013, (31): 2 - 32.

[124] 魏厚凯. 走中国特色的新型城镇化道路 [M]. 北京: 社会科学文献出版社, 2014.

[125] 吴友仁. 中国城镇化道路 [J]. 经济地理, 1983, (1): 77 - 79.

[126] 肖育才. 转移支付与县级基本公共服务均等化研究——以四川省为例 [D]. 成都: 西南财经大学, 2014.

[127] 谢京华. 政府间财政转移支付制度研究 [M]. 杭州: 浙江大学出版社, 2011: 3 - 4.

[128] 谢文蕙, 邓卫. 城市经济学 [M]. 北京: 清华大学出版社, 1996.

[129] 谢守红, 蔡海亚, 娄田田. 中国各省份城镇化质量评价及空间差异分析 [J]. 城市问题, 2015, (8): 16 - 21.

[130] 谢宇航, 陈永正. 发达国家转移支付制度对地方财力及公共服务的影响 [J]. 财经科学, 2016, (9): 64 - 76.

[131] 谢怡莉, 魏作磊. 珠三角地区城镇化质量评价 [J]. 城市观察, 2017, (2): 32 - 42.

[132] 许宏, 周应恒. 云南城市化质量动态评价 [J]. 云南社会科学, 2009, (5): 115 - 119.

[133] 续亚萍, 俞会新. 基于主成分分析的我国新型城镇化质量评价 [J]. 工业技术经济, 2015, (7): 153 - 160.

[134] 闫文娟, 钟茂初. 中国式财政分权会增加环境污染吗 [J]. 财经论丛, 2012, (3): 32 - 37.

[135] 杨立勋. 城市化与城市发展战略 [M]. 广州: 广东高等教育出版社, 1999.

[136] 杨灿明. 政府间财政转移支付制度研究文集 [M]. 北京: 经济科学出版社, 2000: 261.

[137] 杨新刚，张守文，强群莉. 安徽省县域城镇化质量的时空演变 [J].
经济地理，2016，（4）：84－91.

[138] 杨彬，宁小莉. 新型城镇化背景下老工业基地城镇化的综合测度与
时空演化——以吉林省为例 [J]. 干旱区资源与环境，2017，（1）：
19－24.

[139] 叶裕民. 中国城市化质量研究 [J]. 中国软科学，2001，（7）：27－
31.

[140] 叶裕民等. 深圳现代产业体系与现代制造业布局研究 [R]. 中国人
民大学，2009.

[141] 叶齐茂. 城市的系统进化与周期律 [J]. 城市问题，1993，（3）：12－
15.

[142] 尹恒，康琳琳，王丽娟. 政府间转移支付的财力均等化效应——基
于中国县级数据的研究 [J]. 管理世界，2007，（1）：48－55.

[143] 尹恒，朱虹. 县级财政生产性支出偏向研究 [J]. 中国社会科学，
2011，（1）：88－101.

[144] 尹振东，汤玉刚. 专项转移支付与地方财政支出行为——以农村义
务教育补助为例 [J]. 经济研究，2016，（4）：47－59.

[145] 袁晓玲，贺斌，卢晓璐等. 中国新型城镇化质量评估及空间异质性
分析 [J]. 城市发展研究，2017，（6）：125－132.

[146] 曾赛丰. 中国城市化理论专题研究 [M]. 长沙：湖南人民出版社，
2004：181－197.

[147] 曾红颖. 我国基本公共服务均等化标准体系及转移支付效果评价 [J].
经济研究，2012，（6）：20－32.

[148] 张越，韩明清，甄峰. 对我国城市郊区化的再认识——从城市化阶
段谈中国城市发展 [J]. 城市规划汇刊，1998，（6）：6－9.

[149] 张馨. 论公共财政 [J]. 经济学家，1997，（1）：96－103.

[150] 张馨. 公共财政论纲 [M]. 北京：经济科学出版社，1999.

[151] 张丽华，汪冲. 解决农村义务教育投入保障中的制度缺陷 [J]. 经
济研究，2008，（10）：144－153.

[152] 张征宇，朱平芳. 地方环境支出的实证研究 [J]. 经济研究，2010，
（5）：82－94.

[153] 张克中，王娟，崔小勇．财政分权与环境污染：碳排放的视角 [J]．中国工业经济，2011，(10)：65 - 75.

[154] 张玉．财税政策的环境治理效应研究 [M]．北京：经济科学出版社，2014.

[155] 张恒龙，陈宪．政府间转移支付对地方财政努力与财政均等的影响 [J]．经济科学，2007，(1)：15 - 23.

[156] 张恒龙，秦鹏亮．政府间转移支付与省际经济收敛 [J]．上海经济研究，2011，(8)：90 - 98.

[157] 张恒龙，秦鹏亮．转移支付、财政激励与基本公共服务均等化目标的匹配 [J]．改革，2012，(9)：53 - 63.

[158] 张硕．财政转移支付同农业转移人口市民化挂钩机制研究 [J]．经济研究参考，2016，(6)：4 - 13.

[159] 张红梅，朱海，张目等．基于相对熵的县域新型城镇化发展水平评价 [J]．统计与决策，2017，(1)：66 - 68.

[160] 曾军平．政府间转移支付制度的财政平衡效应研究 [J]．经济研究，2000，(6)：12 - 17.

[161] 赵永辉，付文林．转移支付、财力均等化与地区公共品供给 [J]．财政研究，2017，(5)：13 - 23.

[162] 郑国，秦波．论城市转型与城市规划转型——以深圳为例 [J]．城市发展研究，2009，(3)：31 - 35.

[163] 郑国．城市发展阶段理论研究进展与展望 [J]．城市发展研究，2010，(2)：83 - 87.

[164] 钟晓敏．论政府间财政转移支付制度：一个可供选择的模式 [J]．经济研究，1997，(9)：44 - 49.

[165] 钟晓敏．政府间财政转移支付论 [M]．上海：立信会计出版社，1998：2 - 4.

[166] 钟晓敏，赵海利．义务教育因素法转移支付模型：以浙江省为例 [J]．浙江社会科学，2009，(2)：78 - 127.

[167] 中国市长协会．《中国城市发展报告》编辑委员会．中国城市发展报告 (2001—2002) [M]．北京：西苑出版社，2003：97 - 120.

[168] 周丽萍．中国人口城市化质量研究 [D]．杭州：浙江大学，2011，3.

[169] 周中胜. 国外财政分权理论研究的进展与启示 [J]. 国外社会科学, 2011, (3): 76-82.

[170] 周黎安. 中国地方官员的晋升锦标赛模式研究 [J]. 经济研究, 2007, (7): 36-50.

[171] 周虹, 刘文昊, 郁瑾. 长江中游城市群城镇化水平区域差异综合评价 [J]. 城市经济研究, 2017, (2): 86-92.

[172] 朱洪祥. 山东省城镇化发展质量测度研究 [J]. 城市发展研究, 2007, (5): 37-44.

[173] 朱玲. 转移支付的效率与公平 [J]. 管理世界, 1997, (3): 30-35.

[174] 踪家峰, 胡艳, 周亮. 转移支付能提升产业集聚水平吗? [J]. 数量经济技术经济研究, 2012, (2): 18-32.

[175] 农民工市民化总成本超1.8万亿 [N]. 经济参考报, 2013.03.04. http://dz.jjckb.cn/www/pages/webpage2009/html/2013-03/04/content_71985.htm?div=-1.

[176] Abramovitz M. Catching up, Forging Ahead, and Falling Behind [J]. Journal of Economic History, 1985, 46 (2): 385-406.

[177] Au C. C., Henderson J. V. Are Chinese Cities too Small? [J]. Review of Economic Studies, 2006, 73 (3): 549-576.

[178] Bailey S. J., Connolly S. The Flypaper Effect: Identifying Areas for Further Research [J]. Public Choice, 1995, 95: 335-361.

[179] Beatley T. Green Urbanism: Learning from European Cities [M]. Island Press, 2000.

[180] Berg L. V. D. A Study of Growth and Decline [M]. Oxford: Pergamon, 1982.

[181] Boadway R. W. The Theory and Practice of Equalization [J]. CESifo Economic Studies, 2004, 50: 211-254.

[182] Boadway R. W. Intergovernmental Redistributive transfers: Efficiency and Equity [Z]. In Ahmad, Ehtisham, and Brosio, Giorgio eds., Handbook of Fiscal Federalism, Edward Elgar Publishing Limited, 2006.

[183] Buchanan J. M. Fderalism and Fiscal Equity [J]. American Economic Review, 1950, 40 (4): 583-599.

[184] Buchanan J. M. An Economic Theory of Clubs [J]. Economica, New Series, 1965, 32 (125): 1 – 14.

[185] Buchanan J. M., Tollison R. D. The Theory of Public Choice [M]. The University of Michigan Press, 1984.

[186] Campbell A., Converse P. E., Rodgers W. L. The Quality of American Life: Perception, Evaluation and Satisfaction [M]. 1st Edition. New-York: Russel Sage Foundation, 1976.

[187] Correa P., Steiner R. Decentralization in Colombia: Recent Changes and Main Challenges [J]. Contemporary Studies in Economic, 1999, 84 (1): 195 – 206.

[188] Courant P. N., Gramlich E. M., Rubinfield D. L. The Stimulative Effects of Intergovernmental Grants, or Why Money Sticks Where It Hits [Z]. Fiscal Federalism and Grants-in-aid. Washington, D. C.: The Urban Institute, 1991.

[189] Daly H., Cobb J. B. For the Common Good Boston [M]. Beacon Press, 1989.

[190] Dewatripont M., Maskin E. Credit and Efficiency in Centralized and Decentralized Economies [J]. The Review of Economic Studies, 1995, 62 (4): 541 – 555.

[191] Denhardt R. B., Denhardt J. V. The New Public Service: Serving Rather than Steering [J]. Public Administration Review, 2000, 60 (6): 549 – 559.

[192] Dollery B., Worthington A. Federal Expenditure and Fiscal Illusion: A Test of the Flypaper Hypothesis in Australia [J]. Acoustics Speech & Signal Processing Newslette IEEE, 1995, 25 (1): 23 – 34.

[193] Egger P., Koethenbuerger K., Smart M. Do fiscal Transfers Alleviate Business Tax Competition? Evidence from Germany [J]. Journal of Public Economics, 2010, 94 (3): 235 – 246.

[194] Eras J. J. C., Varela D. C., Pérez G. D. H. et al. Comparative Study of the urban Quality of Life in Cuban First – level Cities From an Objective Dimension [J]. Environment, Development and Sustainability, 2014,

16 (1): 195 - 215.

[195] Gamkhar S. , Shah A. The Impact of Intergovernmental Fiscal Transfers: A Synthesis of the Conceptual and Empirical Literature [Z]. In R. Boadway and A. Shah, eds. , Intergovernmental Fiscal Transfers, the World Bank. , 2007.

[196] Gong P. , Liang S. , Carlton E. J. et al. Urbanization and Health in China [J]. LANCET, 2012, 379 (9818): 843 - 852.

[197] Glebova I. , Khabibrahmanova R. Life Quality Evaluation in the Million-plus Population Cities of Russia: Results of Empirical Research [J]. Procedia Economics and Finance, 2014, 14 (14): 236 - 242.

[198] Gramlich E M. Intergovernmental Grants: A Review of the Empirical Literature [Z]. in Oates W E (ed) the Political Economy of Federalism. Heath D C Company, 1977: 227 - 230.

[199] Gramlich E. M. , Brandl J. E. Comment on "state responses to the TRA86 revenue windfalls: A new test of the flypaper effect" [J]. Journal of Policy Analysis and Management, 1993, 12 (1): 104 - 106.

[200] Guo S. , Zou J. Study and Enlightenment of the in-situ Urbanization of Rural Areas in China in the Background of New Pattern Urbanization—Taking Zhanqi Village, Pi County for Instance [J]. Open Journal of Social Sciences, 2015, 3 (9): 137 - 144. 26.

[201] Guo S. , Zou J. Study on Fiscal Transfer Payment System Reform in China—based on the Perspective of a New Road to Urbanization [J]. Modern Economy, 2015, 6 (8): 871 - 880.

[202] Hall P. , Hay D. Growth Centresin the European Urban System [M]. Berkeley, CA: University of California Press, 1980.

[203] Hanushek E. Expenditures, Efficiency, and Equity in Education: the Federal Government's Role [J]. American Economic Review, 1989, 79 (2): 46 - 51.

[204] Hoover E. M. , Raymond V. Anatomy of a Metropolis: the Changing Distribution of People and Jobs within the New York Metropolitan Region [M]. Cambridge, MA: Harvard University Press, 1959.

［205］Inman R. Federal Assistance and Local Services in the United States: the Evolution of a New Federalist Order ［M］. Chicago: University of Chicago Press, 1998: 33 – 74.

［206］John T. M. Planned Abandonment: the Neighborhood Life-cycle Theory and National Urban Policy ［J］. Housing Policy Debate, 2000, 11 (1): 1479 – 1496.

［207］Kappeler A. , Solé – Ollé A. , Stephan A. , et al. Does Fiscal Decentralization Foster Regional Investment in Productive Infrastructure? ［J］. European Journal of Political Economy, 2013, (31): 15 – 25.

［208］Logan R. R. Fiscal Illusion and the Grantor Government ［J］. Journal of Political Economy, 1986, 94 (6): 1304 – 1318.

［209］Marans R. , Stimson R. Investigating Quality of Urban Life ［M］. London: Springer, 2011.

［210］Martinez – Zarzoso I. , Maruotti A. The Impact of Urbanization on CO_2 Emissions: Evidence from Developing Countries ［J］. Ecological Economics, 2011, 70 (7): 1344 – 1353.

［211］Mckinnon R. I. EMU as a Device fo Collective Fiscal Retrenchment ［J］. American Economic Review, 1997, 87 (2): 227 – 229.

［212］McKinney M. L. Effects of Urbanization on Species Richness: a Review of Plants and Animals ［J］. Urban Ecosystems, 2008, 11 (2): 161 – 176.

［213］Moisio A. Essays of Finnish Municipal Finance and Intergovernmental Grants ［R］. Valtion Taloudellinen Tutkimuskeskus, Government Institute for Economic Reserch, Helsinki, Finland, 2002.

［214］Munier N. Handbook on Urban Sustainability ［Z］. Dordrecht: Springer, 2007.

［215］Musgrave R. A. The Theory of Public Finance ［M］. Mew York: McRaw – Hill, 1959.

［216］Naughton, B. The Chinese Economy: Transition and Growth ［M］. London: The MIT Press, 2007.

［217］Norton R. D. City Life-cycles and American Urban Policy ［M］. New York: Academic Press, 1979.

[218] Oates, W. E. Searching for Leviathan: an Empirical Study [J]. The American Economic Review, 1985, 75 (4): 748 – 757.

[219] Oates W. An Essay on Fiscal Federalism [J]. Journal of Economic Literature, 1999, 37 (3): 1120 – 1149.

[220] Oates W. On the Theory and Practice of Fiscal Decentralization [R]. Working Papers, Mimeo, Department of Economics. University of Maryland, 2006.

[221] Petchey J., Levtchenkova S. Fiscal Equalisation in Australia: Proposals for an Effeciency-based System [J]. Economic Papers, A Journal of Applied Economics & Policy, 2004, 23 (2): 189 – 200.

[222] Qian Y. Y., Weingast B. R. Federalism as a Commitment to Preserving Market Incentives [J]. Journal of Economic Perspectives, 1997, 11 (4): 83 – 92.

[223] Qian Y. Y., Roland G. Federalism and the Soft Budget Constraint [J]. The American Economic Review, 1998, 88 (5): 1143 – 1162.

[224] Raiser M. Subsidizing Inequality: Economic Reforms, Fiscal Transfers and Convergence across Chinese Provinces [J]. Journal of Development Studies, 1996, 34 (3): 1 – 26.

[225] Rauscher M. Economic Growth and Tax-competing Leviathans [J]. International Tax and Public Finance, 2005, 12 (4): 457 – 474.

[226] Register R. E-co Cities, in context [J]. A Quarterly of Human Sustainable Culture, 1984: 31.

[227] Real Estate Research Corporation. The Dynamics of Neighborhood Change [R]. Washington, DC: U. S. Department of Housing and Urban Development, Office of Policy Development and Research, 1975.

[228] Romer D. Advanced Macroeconomics [M]. New York: Mcgraw – Hill, 1986.

[229] Roberts S. A Critical Evaluation of the City Life Cycle Idea [J]. Urban Geography, 1991, 12 (5): 431 – 449.

[230] Scott A. D. The Evaluation of Federal Grants [J]. Economica, 1952, 19 (76): 377 – 394.

［231］ Seto K. C. , Sánchezrodríguez R. , Fragkias M. The New Geography of Contemporary Urbanization and the Environment ［J］. Annual Review of Environment and Resources, 2010, 35 (1): 167 – 194.

［232］ Shah A. The Reform of Intergovernmental Fiscal Relations in Developing and Emerging Market Economics ［R］. Policy and Research Series No. 23, Washington, D. C. : The World Bank, 1994.

［233］ Shah A. A practitioner's Guide to Intergovernmental Fiscal Transfers ［R］. Policy Research Working Paper Series 4039, The World Bank, 2006.

［234］ Spahn P. B. Intergovernmental Transfers: the Funding Rule and Mechanisms ［J］, Springer US, 2007: 163 – 204.

［235］ Smart M. Taxation and Deadweight Loss in a System of Intergovernmental Transfers ［J］. The Canadian Journal of Economics, 1998, 31 (1): 189 – 206.

［236］ Stauffer T. P. Intergovernmental Fiscal Relations in Fragmented Societies— the Case of Switzerland ［J］. Environment and Planning C Government and Policy, 2001, 19 (2): 207 – 222.

［237］ Stigler G. J. Tenable Range of Functions of Local Government ［R］. Federal Expenditure Policies for Economic Growth and Stability. Joint Economic Committee, Congress of the U. S. Washington 1957.

［238］ Stiglitz J. E. , Dasgupta P. Differential Taxation, Public Goods and Economic Efficiency ［J］. The Review of Economic Studies, 1971, 38 (2): 151 – 174.

［239］ Sun P. J. , Song W. , Xiu C. L. , et al. Non-coordination in China's Urbanization: Assessment and Affecting Factors ［J］. Chinese Geographical Science, 2013, 23 (6): 729 – 739.

［240］ Tiebout C. M. A Pure Theory of Local Expenditures ［J］. Journal of Political Economy, 1956, 64: 416 – 424.

［241］ Tsui KY. Local Tax System, Intergovernmental Transfers and China's Local Fiscal Disparities ［J］. Journal of Comparative Economics, 2005, 33 (1): 173 – 196.

［242］ Ülengin B. , Ülengin F. , Güven Ü. A Multidimensional Approach to Urban Quality of Life: the Case of Istanbul [J]. European Journal of Operational Research, 2001, 130 (2): 361 – 374.

[243] United Nation Human Habitat. The State of the World's Cities Report 2001 [M]. New York: United Nations Publications, 2002: 116 – 118.

[244] United Nations · Department of Economic and Social Affairs, Population Division. World Urbanization Prospects: the 2011 Revision [M]. New York, 2012.

[245] Wang H. , Di W. The Determinants of Government Environmental Performance: an Empirical Analysis of Chinese Townships [R]. Policy Research Working Paper, the World Bank, 2002, No. 2937.

[246] Wang Y. , Ding Zh. Sh. , Yu M. J. et al. Quantitative Analysis of the Coordination Relation between Modern Service Industry and Urbanization Based on Coupling Model: A Case Study of Changshu [J]. Geographical Research, 2015, 34 (1): 97 – 108.

[247] Weingast B. R. The Economic Role of Political Institutions: Market-preserving Federalism and Economic Development [J]. Journal of Law and Economic Organization, 1995, 11 (1): 1 – 31.

[248] Wilde J. A. Grants-in-aid: The Analytics of Design and Response [J]. National Tax Journal, 1971, 24 (2): 143 – 155.

[249] Williams A. The Optimal Provision of Public Goods in a System of Local Government [J]. Journal of Political Economy, 1966, 74 (1): 18 – 33.

[250] Wilson J. D. Theories of Tax Competition [J]. National Tax Journal, 1999, 52 (2): 269 – 304.

[251] Yanitsky O. Social Problem of Man's Environment [J]. The City and Ecology, 1987, (1): 174.

[252] Yang X. , Hou Y. , Chen B. Observed Surface Warming Induced by Urbanization in East China [J]. Journal of Geophysical Research Atmospheres, 2011, 116 (14): 263 – 294.

[253] Zhu F. K. , Zhang F. R. , Li C. et al. Coordination and Regional Difference of Urban Land Expansion and Demographic Urbanization in China During 1993 – 2008 [J]. Progress in Geography, 2014, 33 (5): 647 – 656.

后　记

本书是在博士毕业论文的基础上完成的，虽然获得了一定参考意义的成果，但还存在许多空间有待进一步研究和探索，我将继续致力于这一领域的研究，期待在后续的学术研究中得到更加深入的成果。在写作过程中，得到了西南交通大学和四川省财政厅许多专家、学者的大力支持和帮助，虽然过程充满艰辛，但受益匪浅。在此，特别感谢我的恩师叶子荣教授，本书在写作的整个过程得到了叶教授的悉心指导和帮助，其谆谆教诲使我终身受益，永远铭记于心！同时，还要特别感谢王建琼、谭德庆两位教授给予我的鼓励和帮助，他们提出了非常宝贵的意见，使我受益匪浅！此外，还要感谢雷晓明、刘桂花、刘颖、郝晓薇老师，感谢他们给予我的无私的鼓励、帮助和关怀！在此特别对各位老师们致以深深的谢意！

最后，感谢经济科学出版社的支持和帮助，使本书得以面世，在此表示由衷的感谢和敬意！

郭世芹

2020 年 11 月于淮阴工学院